2025 全国社会工作者职业水平考试辅导用书

社会工作综合能力

考试过关
分层练

SHEHUI GONGZUO ZONGHE NENGLI
KAOSHI GUOGUAN FENCENGLIAN

2025

中级

全国社会工作者职业水平考试过关分层练编写组　编写

中国社会出版社

国家一级出版社·全国百佳图书出版单位

图书在版编目（CIP）数据

社会工作综合能力（中级）考试过关分层练 ／ 全国
社会工作者职业水平考试过关分层练编写组编写．——
北京 ： 中国社会出版社，2025．2（2025．3重印）．——（全
国社会工作者职业水平考试辅导用书 ／ 许莉娅主编）．—— ISBN
978-7-5087-7172-4

Ⅰ．D632-44

中国国家版本馆 CIP 数据核字第 2025TN8809 号

社会工作综合能力（中级）考试过关分层练

出 版 人：程　伟
责任编辑：马潇潇
装帧设计：尹　帅
出版发行：中国社会出版社
　　　　　（北京市西城区二龙路甲 33 号　邮编 100032）
印刷装订：河北鑫兆源印刷有限公司
版　　次：2025 年 2 月第 1 版
印　　次：2025 年 3 月第 3 次印刷
开　　本：185mm×260mm　1/16
字　　数：290 千字
印　　张：11
定　　价：50.00 元

全国社会工作者职业水平考试
过关分层练编写组

主　编：许莉娅

编　委：周　军　孙立亚
　　　　苗艳梅　王冬梅

本书导航

 本书亮点

- **名师主编**

本书由具有 30 多年社会工作专业教学、研究与实务经验和 17 年全国社会工作者职业水平考试辅导与讲解经验的国内知名专家带队倾力打造。

- **紧扣新版指导教材**

本书紧扣新版教材，第一时间推出！凡是法规与政策有变动的，皆以现行的法规与政策为准。

- **配合互联网在线专家答疑和模拟题等学习资源**

购买正版教材的考生可关注微信公众号"社工图书专营店"以获得更多考前专家答疑、紧扣新版教材的海量章节复习题、在线全真模拟考试等学习资源。

 《社会工作综合能力（中级）》科目试卷构成

每年一次的全国社会工作师职业水平考试包括三门科目：《社会工作综合能力（中级）》《社会工作实务（中级）》《社会工作法规与政策》，考试成绩实行两年一个周期的滚动管理办法，考生应在连续两个考试年度内通过全部科目的考试，方可取得社会工作师职业资格证书。考试地点一般设在省会城市和直辖市的大中专院校或高考定点学校，具体地址会在准考证上标明。

《社会工作综合能力（中级）》考试题目均为客观题，要求考生在答题卡上作答。考生应考时应携带黑色墨水的钢笔或签字笔、2B 铅笔、橡皮等工具。

《社会工作综合能力（中级）》科目考试的时间及试题类型如下：

考试时间	两个小时
试卷满分	100 分
及格（通过）标准	60 分

续表

试题类型	单项选择题	共60题，每题1分。每题的备选项中只有一个最符合题意
	多项选择题	共20题，每题2分。每题的备选项中有2个或2个以上符合题意，至少有1个错项。错选，该题不得分；少选，所选的每个选项得0.5分

注：本表格仅供参考，具体以权威部门公布的正式信息为准。

如何有效使用本书

本书紧扣考试大纲，覆盖教材全部知识点，拟定四个层次的试题，包括基础题、提高题、易错题和闯关题。请考生在熟读教材，并根据考试大纲熟记知识点的基础上，循序渐进地按照基础题、提高题、易错题、闯关题的顺序进行演练。本书在最后附有两套全真模拟试题，是编写组的专家在全面分析历年考试真题的覆盖面、案例情境和各章节比重的基础上精心设计的，请全面复习考试指定教材之后，再完成这两套全真模拟试题，以便检测自己全面复习后、迎接正式考试前的学习效果。

温馨提示：全真模拟试题重点在于模拟参加正式考试的情境，包括了解自己的复习水平、考试时间和答题节奏的把握，千万不要单纯背题，而应把重点放在强化知识点，并针对答错题目的考点进行查漏补缺、扫除知识盲点。

特别声明：本书考题中所列人员名称均为化名，如有雷同，纯属巧合。

考场应试答题技巧

● **熟悉填答题目的过程（答题卡）**

本科目考试题目均为选择题，所有选择题的回答都必须填涂在答题卡上，对答题卡填写不熟悉的考生应特别注意，在平时就要养成良好的考试答题习惯，尽量使用答题卡来做练习题和全真模拟试题。

● **答题顺序**

先易后难。

● **"卡壳"情况的处理**

由于《社会工作综合能力（中级）》考试全部为客观题，考题覆盖的考点分布在各个章节，且每道考题都具有较高的独立性，即前面的题目和后面的题目没有内在逻辑性和依赖性。因此，考生在考场遇到难题"卡壳"时，不必担心后面的题目会因为此题的回答而受影响，此时可在试卷上做个标记（注意：不是答题卡），跳过此题，先完成后面题目的回答，等回过头来再答"卡壳"的题。

● **细心检查很重要**

考生应检查答题卡填涂的位置、姓名、准考证号是否正确无误，尤其是填涂题目的顺序不可错行！

● **保守还是冒险？——多项选择题的答题技巧**

如果"全真模拟试题"的闭卷自测得分在 50 分以下，建议考生在考场上采取冒险的答题策略，在排除掉肯定错误的选项的基础上，将比较没有把握的选项也选上，纯粹碰一碰运气。

如果得分 50~60 分，接近考试及格线但又有少许差距，此时建议考生采取保守的答题策略，即只选自己肯定有把握的选项。因为根据阅卷评分规则，在没有选错误选项的前提下少选，这样所选的每个选项均可得 0.5 分。此种策略有助于考生拿到零碎的小分，可能越过 60 分及格线。

最后，预祝各位考生顺利通过考试！

目录
Contents

第一章

社会工作的内涵、原则及主要领域

1

【本章复习提示】•

　　本章主要介绍社会工作的基本概念、基本理论。考试要点主要包括社会工作的概念、属性以及功能、社会工作者的角色。

　　本章出题特征主要以理解为主。所以，要求考生认真阅读教材，熟悉概念、理论，更要充分理解概念、理论。在掌握教材中的基本概念之外，考生还应注意关注本年度社会服务领域的一些热点问题，例如与社会工作相关国家机构改革、党和政府重大政策文件有关社会工作的相关阐述等。

单元1 基础题

一、单项选择题

1. 助人自助是社会工作的重要理念。在下列表述中，与助人自助理念相契合的是（　　）。

A. 得道多助，失道寡助　　　　　　B. 授人以鱼，不如授人以渔

C. 授人玫瑰，手留余香　　　　　　D. 助人为乐，可以乐人乐己

2. 社会工作者小何上门探访时了解到小娜的父亲因盗窃入狱，母亲离家出走。小娜的日常生活由身体残疾的爷爷照顾，爷孙俩依靠社会救助金维持基本生活。小娜在学校总是沉默寡言，觉得同学看不起她，很少与人交往。小何为小娜提供的下列服务中，最能体现促进人与社会环境相互适应功能的是（　　）。

A. 鼓励小娜参加学校开设的兴趣小组

B. 帮助小娜定期联系正在服刑的父亲

C. 协助小娜爷爷申请困难残疾人生活补贴

D. 联系小娜亲戚商议其日常生活照顾事宜

3. 党的十九届五中全会强调要加强和创新社会治理，畅通和规范社会工作者参与社会治理的途径。下列做法中，最有利于畅通社会工作者参与社会治理途径的是（　　）。

A. 让社会工作者为困难群体提供专业服务

B. 督促社会工作服务机构规范其内部治理

C. 要求社会工作者更加熟悉各种法律法规

D. 要求社会工作者更多地承担行政性工作

4. 《中华人民共和国国民经济和社会发展第十四个五年规划和二〇三五年远景目标纲要》指出，要畅通和规范社会工作者参与社会治理的途径，全面激发基层社会治理活力。下列做法中，最符合上述政策要求的是（　　）。

A. 招聘社会工作专业毕业生到城乡社区从事一般行政工作

B. 在相关文件中明确社会工作者参与处理社会救助工作中的复杂问题

C. 鼓励成立社会工作服务机构，通过市场化竞争提高社会工作服务水平

D. 鼓励城乡社区工作者参加社会工作者职业水平考试，提高其社会地位

5. 关于社会工作和社会工作领域的说法，正确的是（　　）。

A. 心理健康服务就是临床心理治疗

B. 医疗社会工作就是在医院开展的志愿服务

C. 协助农民增加收入是农村社会工作的部分内容

D. 制定薪酬标准是企业社会工作的部分内容

6. 专业社会工作已有一百多年的发展历史。下列关于社会工作发展特点的说法，正确的是（　　）。

A. 社会工作教育领先实务发展　　　B. 多种社会工作理论模式并存

C. 行政性社会工作占主导地位　　　D. 企业积极支持社会工作发展

7. 某社会工作服务机构通过实施"青少年抗逆力教育计划"，采用体验式教学方式，

将"抗逆力"理念引入学校，增进了小学生之间的互动，培养了小学生面对挫折的韧性。该计划体现了社会工作在服务对象层面上的目标是（　　）。

A. 促进社会公正 　　　　　　　　 B. 激发个人潜能

C. 推动社会团结 　　　　　　　　 D. 维护个人尊严

8. 2015 年和 2016 年，《政府工作报告》连续两年提出要发展和支持社会工作。报告中提出的"社会工作"是指（　　）。

A. 专业社会工作 　　　　　　　　 B. 行政性社会工作

C. 社区管理工作 　　　　　　　　 D. 志愿性社会工作

9. 下列关于社会工作专业发展历程的说法，正确的是（　　）。

A. 社会工作的服务目标始终以微观治疗为主

B. 社会工作形成之初便提出社会-心理模式

C. 为展现专业服务效能而逐步拓展服务对象

D. 为解决复杂社会问题而出现整合社会工作

10. 社会工作专业的功能一般可分为对服务对象的功能和对社会的功能。下列选项中，（　　）属于社会工作对服务对象的功能。

A. 促进人与社会环境的相互适应 　　 B. 促进社会环境的和谐稳定

C. 推动社会的进步和发展 　　　　　 D. 维持社会秩序，解决社会的问题

二、多项选择题

11. 社会工作者拟采用变迁型学校社会工作方式为流动儿童提供服务。下列服务中，属于变迁型学校社会工作方式的有（　　）。

A. 促进家庭和学校间的联系并提供追踪服务

B. 建立微信公众号定期推送学生的学习动态

C. 成立学习互助小组帮助学生熟悉当地教材

D. 对初中厌学学生提供情绪支持和矫正服务

E. 开展成长训练营以帮助学生融入城市生活

12. 社会工作是综合性的专业服务，具有多重社会功能。下列服务中，体现社会工作"促进发展"目标的有（　　）。

A. 向欠发达地区儿童捐赠生活用品

B. 为残障人士提供网络创业培训

C. 为居家医学观察高龄老人提供心理支持

D. 促进居民协商解决社区"停车难"问题

E. 协助单亲妈妈增强平衡工作生活的能力

13. 某地地震后，某社会工作服务机构的社会工作者前往灾区提供服务工作。社会工作者发放生活基本物资，提供心理支持和咨询，为困难家庭联系资源。为使灾区群众尽快从灾害的阴影中走出来，社会工作者为他们提供了职业技能训练、灾后生产项目培训等。该机构提供的上述服务体现了社会工作服务对象层面（　　）的目标。

A. 缓解困难 　　　　 B. 激发潜能 　　　　 C. 解决社会问题

D. 解救危难 　　　　 E. 促进发展

14. 社会工作者小郑认为儿童应该是充满阳光、活泼健康的，然而小郑在儿童福利院

实习时发现这里的儿童大多数有肢体或智力缺陷，不知道如何面对这样的孩子，感到服务压力很大，如果小郑继续实习，需要内化的专业价值观有（　　）。

A. 保护服务对象的隐私　　　　　　B. 相信服务对象的潜能

C. 尊重服务对象自决　　　　　　　D. 对服务对象实施个别化

E. 尊重服务对象差异性

15. 在助人活动中，社会工作者是提供服务的一方。以下关于社会工作者的表述正确的是（　　）。

A. 一般接受过专业教育和训练

B. 专门从事针对有困难、有需要人群的社会服务

C. 被社会工作专业组织所认可

D. 一线的社会工作者主要对专业服务进行设计、统筹、指导和支持

E. 社会工作行政人员负责实施专业社会服务

参考答案

一、单项选择题

1. B　　　考点：社会工作专业的基本理念

2. A　　　考点：社会工作的功能

3. A　　　考点：社会工作是社会建设的重要组成部分

4. C　　　考点：我国社会工作发展的原则

5. C　　　考点：农村社会工作

6. B　　　考点：社会工作的专业发展

7. B　　　考点：社会工作的功能

8. A　　　考点：我国对社会工作的理解

9. D　　　考点：社会工作专业的发展

10. A　　　考点：社会工作的功能

二、多项选择题

11. CE　　　考点：学校社会工作的方式

12. BDE　　　考点：社会工作的功能

13. ADE　　　考点：社会工作的目标

14. ABE　　　考点：社会工作专业价值观

15. ABC　　　考点：社会工作的要素

单元 2 提高题

一、单项选择题

1. 小闫是行政管理专业研究生，毕业后到某街道办事处工作，专门负责辖区内的困境儿童救助工作。为了提高工作胜任力，小闫自学相关领域知识，参加社会工作者职业水平考试，取得了助理社会工作师证书。为了提高困境儿童服务水平，小闫与当地社会组织密切合作，帮助其设计困境儿童服务项目，鼓励其参加政府购买服务项目招投标。根据上述小闫的工作内容，表明其身份是（　　）。

    A. 实际社会工作者   B. 专业社会工作者

    C. 社会行政管理者   D. 专业志愿服务者

2. 社会工作者小万围绕"老年友好社区"建设目标开展系列服务。从承担资源筹措者角色看，小万应开展的工作是（　　）。

    A. 撰写社区无障碍设施配套状况调查报告

    B. 协助居委会联合企业改造老年活动中心

    C. 开展丰富多彩的社区老年人兴趣小组活动

    D. 组织开展"老年人权益保护"宣传活动

3. 某社会工作服务机构定期召开例会，了解社会工作者的服务进展以及遇到的困难，并讨论如何合理配置与协调机构内外部资源，实现服务目标，该机构的做法体现出社会工作者应具备（　　）。

    A. 促进和使能的能力   B. 沟通与建立关系的能力

    C. 评估和计划的能力   D. 在组织中工作的能力

4. 服务对象老陈 40 岁，单身，因盗窃罪入狱 3 年，刑满释放后一直找不到工作。新入职的社会工作者小李刚接触老陈时，心里很害怕、抗拒，觉得他不值得帮助。督导老魏教导小李，社会工作强调尊重接纳，要帮助有困难、有需要的人。上述老魏的督导内容主要体现的社会工作特点是（　　）。

    A. 多方协同   B. 注重专业价值   C. 双方合作   D. 强调专业方法

5. 社会工作者小燕是"肢体障碍人士就业创业成长计划"的项目负责人，她在项目执行中扮演着多种角色。下列小燕的做法中，最能体现资源筹措者角色的是（　　）。

    A. 整理项目执行中的各种记录并进行反思

    B. 帮助肢体障碍人士重建自信并顺利就业

    C. 联系创业园区为肢体障碍人士提供咨询服务

    D. 指导肢体障碍人士建立就业创业微信公众号

6. 关于社会工作者角色的说法，正确的是（　　）。

    A. 社会工作者为服务对象提供心理咨询，体现了社会工作者的合并服务角色

    B. 社会工作者帮助服务对象多方筹措资源，体现了社会工作者的使能者角色

    C. 社会工作者建议服务对象呼吁社会关注，体现了社会工作者政策影响者角色

    D. 社会工作者对服务质量进行有效监督，体现了社会工作者的行政管理者角色

7. 关于社会工作过程的说法，正确的是（　　）。

A. 社会工作过程是根据服务对象对自己的问题的理解而提供服务的过程

B. 社会工作过程是根据服务对象的价值观策划，开展助人活动的过程

C. 社会工作过程是社会工作者按服务对象的要求单向提供服务的过程

D. 社会工作过程是社会工作者帮助、协助和协同服务对象改变的过程

8. 为了回应广大老年人的需求，党和国家出台了推动居家养老服务的相关政策，各街道办事处也纷纷因地制宜，为居家老年人提供生活照料和精神关爱服务。下列做法中最能体现社会工作专业"促进社会团结目标"的是（　　）。

A. 完善居家养老服务设施配置　　　　B. 优化居家上门服务的流程

C. 给予居家老年人差异化补贴　　　　D. 培育入户探访志愿者队伍

9. 陈女士在丈夫病故后独自带着8岁的女儿生活。她每个月都有一半时间要上夜班，上夜班时只能让女儿单独在家。陈女士多次找工厂主管申请减少夜班次数，均被主管以各种理由拒绝，为此她很苦恼，向社会工作者小赵求助。针对陈女士的情况，小赵首先要做的是（　　）。

A. 建议陈女士向当地妇联寻求帮助

B. 劝说陈女士自己想办法克服困难

C. 向政府有关部门呼吁出台"单亲妈妈"照顾政策

D. 安抚陈女士的情绪并与厂方协商如何帮助陈女士

10. 社会工作者小刘在社区走访中了解到部分独居老人行动不便，生活困难。为了帮助这些老人，设计了问卷，评估了需求，链接了志愿者，开展了结对帮扶，缓解了困难。上述服务中，小刘所运用的知识是（　　）。

A. 学科知识　　　　B. 文化知识　　　　C. 政策知识　　　　D. 技术知识

二、多项选择题

11. 某社会工作服务机构承接了街道办事处的社区综合服务试点项目，为街道社区的20户困难家庭开展生活帮扶、资源链接、心理疏导、社区参与等服务，以下选项中（　　）符合该机构服务所涉及的社会工作领域。

A. 社区社会工作　　　　　　　　　　B. 社会救助社会工作

C. 司法社会工作　　　　　　　　　　D. 优抚安置社会工作

E. 个案工作

12. 医务社会工作是社会工作的重要领域。医务社会工作者在医院中应担任的角色是（　　）。

A. 护理工作者的助手　　　　　　　　B. 医疗业务的负责人

C. 医生治疗的管理者　　　　　　　　D. 医疗资源的链接者

E. 医患关系的协调者

13. 中年男子郭某2022年8月被公司裁员后，多次求职均未成功，他缺乏相关职业技术，对未来非常悲观，从2023年底开始不再求职。他每月要支付房贷，并供女儿读大学，家庭经济压力大，夫妻关系也出现问题。在提供服务的过程中，社会工作者可以扮演的角色有（　　）。

A. 作为资源筹措者，协助郭某报名参加劳动技能培训班

B. 作为服务提供者，针对郭某夫妻关系进行相应的家庭治疗

C. 作为关系协调者，联络银行希望其同意郭某暂缓支付房贷的要求

D. 作为支持者，鼓励郭某在可能的情况下自强自立

E. 作为政策影响者，呼吁政府出台针对中年人失业的相关政策

14. 下列活动中，属于企业社会工作服务内容的有（　　）。

A. 新入职职工的技术培训　　　　　　B. 职工的职业生涯辅导

C. 职工的绩效考核与奖惩　　　　　　D. 职工的亲子关系指导

E. 职工的减压娱乐活动

15. 社会工作是社会工作者向服务对象提供服务的过程。下列关于社会工作过程的说法中，正确的有（　　）。

A. 它是以社会工作者为主设计和实施的助人活动

B. 它要考虑服务对象的需要和接受服务的能力

C. 它是社会工作者与服务对象互为主体和客体的过程

D. 它是连续促进服务对象逐渐改变的过程

E. 它是社会工作者和服务对象的社会互动过程

参考答案

一、单项选择题

1. B　　　考点：社会工作的要素

2. B　　　考点：社会工作者的角色

3. D　　　考点：社会工作者的能力要求

4. B　　　考点：社会工作专业的特点

5. C　　　考点：社会工作者的角色

6. D　　　考点：社会工作者的角色

7. D　　　考点：社会工作过程

8. D　　　考点：社会工作的文化层面目标

9. D　　　考点：社会工作的主要领域

10. D　　　考点：社会工作者的知识素养

二、多项选择题

11. AB　　　考点：社会工作服务的主要领域

12. DE　　　考点：社会工作者的角色

13. ABDE　　考点：社会工作者的角色

14. BDE　　　考点：企业社会工作的内容

15. BCE　　　考点：社会工作的过程

单元 3 易错题

一、单项选择题

1. 社会工作者小孙为了促进邻里互助，举办了系列主题活动，向居民宣传互帮互助的意义，鼓励居民参与社区志愿服务，推动成立了社区助老服务队，安排志愿者定期探访社区独居的高龄老人。小孙的上述工作体现了社会工作文化层面的目标是（   ）。

A. 激发潜能　　　B. 促进社会公正　　　C. 促进发展　　　D. 促进社会团结

2. 下列关于我国社会工作发展的说法中，正确的是（   ）。

A. 我国历史上有靠家庭、家族和好友解决问题的传统

B. 改革开放以来社会工作教育获得率先发展

C. 我国丰富的社会福利思想指导着专业社会工作的发展

D. 计划经济时期的单位福利制度是专业社会工作的基础

3. 在服务对象遭遇不公正待遇时，社会工作者要伸张正义，这体现了社会工作对服务对象的（   ）功能。

A. 提供物质帮助　　　　　　　　　B. 促进社会建设与社会进步

C. 维护合法权益　　　　　　　　　D. 促进人的发展

4. 大学生小王毕业后一直没有找到合适的工作，闲在家中，时间长了，心情非常抑郁，和家人的关系也越发紧张。社会工作者晓林了解情况后积极鼓励小王认真投简历、学习新技能，并开导小王要自立自强，克服困难。以上做法主要体现了社会工作者的（   ）角色。

A. 服务提供者　　　B. 支持者　　　C. 倡导者　　　D. 关系协调者

二、多项选择题

5. 社会工作是社会工作者有意识、有目的地运用社会工作方法，帮助或协助服务对象走出困境、发挥自身潜能、参与社会生活的过程。下列关于社会工作基本过程模式的说法正确的是（   ）。

A. 社会工作是一个不断促使服务对象改变、逐步达到目标的过程

B. 社会工作的服务过程是社会工作者单向为服务对象服务的过程

C. 社会工作是一个循环往复的过程

D. 社会工作是在不断变化的社会环境中进行的

E. 在助人过程中，社会工作者是主体，服务对象是客体

参考答案

一、单项选择题

1. D　　考点：社会工作的功能

解析：社会团结被认为是人与人之间因为利益和价值相关而形成的相互亲和、相互包容、协商共事、共同发展的状态。"成立了社区助

老服务队，安排志愿者定期探访社区独居的高龄老人"是有利于社会团结的活动。

2. B 　　考点：社会工作的发展

解析：1988 年，国家教委决定在部分高等学校试办社会工作与管理专业，在制度上开启了社会工作专业教育的进程。1991 年中国社会工作者协会成立，1994 年中国社会工作教育协会成立，推进了我国社会工作发展的进程。

3. C 　　考点：社会工作的功能

解析：促进社会公正是社会工作的目标之一。当服务对象的合法权益遭受侵害时，社会工作专业有责任维护其合法权益。公民的合法权益是以社会公正为基本原则的。因此，维护合法权益是社会工作专业的基本功能。

4. B 　　考点：社会工作者的角色

解析：支持者角色是指社会工作者应该成为服务对象积极反应的支持者、鼓励者，并应尽量创造条件使其能够自立或自我发展。

二、多项选择题

5. ACD 　　考点：社会工作的含义

解析：首先，社会工作不是通过一次服务就可以解决问题的，它是一个渐进的、不断促使服务对象改变、逐渐达到目标的过程。其次，社会工作者的服务过程是双方互动的过程。就这个互动过程而言，无所谓主次，双方都要理解对方并作出反应，而且这种互动是持续的、连锁式的过程。从连续互动的角度来看待社会工作的服务过程，能更准确地理解社会工作过程。

单元4 闯关题

一、单项选择题

1. 现阶段，我国经济社会发展面临"百年未有之大变局"。国际国内形势复杂多变。在这样一个面临多方面挑战的时代，社会工作专业尤其要发挥其专业优势。下列表述中最能反映社会工作作用的是（　　）。

A. 社会工作对产业结构调整具有重要作用

B. 社会工作对社会治理创新具有重要作用

C. 社会工作对发展和培育新动能具有重要作用

D. 社会工作对我国的文化建设具有重要作用

2. 徐女士近 3 个月常遭婆婆辱骂，丈夫对母亲的行为听之任之。徐女士觉得生活无望、十分痛苦，向社会工作者焦大姐求助。以下焦大姐最适宜的做法是（　　）。

A. 以徐女士本人为服务对象进行情绪疏导

B. 以徐女士丈夫为服务对象进行说服教育

C. 以徐女士家庭为服务对象进行干预服务

D. 以徐女士婆婆为服务对象进行行为指导

3. 82岁的张大爷身患多种疾病，行动不便，与80岁的老伴儿共同生活，子女均在外地工作。社会工作者小王了解到该情况后，组织社区志愿者定期探访、陪同就医，协调社区服务点提供上门送餐、理发等服务。上述小王的做法，重点体现的社会工作目标是（　　）。

A. 缓解张大爷家庭生活照料困难　　B. 解除张大爷家庭的危机状况

C. 激发张大爷家庭成员照顾潜能　　D. 促进张大爷家庭的整体发展

4. 某新建小区的居民之间缺乏交往，彼此都不认识。针对这一问题，社会工作者小宋通过组织社区联欢活动来增加居民之间的接触和交流，增进居民之间的相互信任。上述小宋的做法，主要体现社会工作在社会层面功能的是（　　）。

A. 维持社会秩序　　B. 建构社会资本　　C. 促进正常生活　　D. 实现社区照顾

5. 下列选项中最能反映社会工作专业优势的是（　　）。

A. 社会工作的专业化和职业化　　B. 社会工作的专业理念和专业方法

C. 社会工作的本土化和行政化　　D. 社会工作的问题意识和政策思路

6. 下列社会工作者提供的服务中，能促进服务对象自身发展的是（　　）。

A. 春节期间慰问社区困难家庭儿童　　B. 雨雪天为流浪乞讨人员发放衣物

C. 暑期开展亲子沟通能力提升小组　　D. 重阳节入户探访独居和高龄老人

7. 随着中国社会的不断发展，社会工作实务的服务对象从特殊群体扩展到其他有需要的人士。根据服务对象拓展的趋势，社会工作可以将其纳入服务范畴的是（　　）。

A. 吸食新型毒品的成瘾者　　B. 下岗失业者

C. 新进城的务工人员　　D. 需舒缓压力的企业高管

8. 某社会工作服务机构重点为网络成瘾人士提供服务。社会工作者鸿雁接待了服务对象悠悠。经过一段时间的专业服务，悠悠上网时间逐渐减少。在此服务中，鸿雁扮演的主要角色是（　　）。

A. 治疗者　　B. 咨询者　　C. 协调者　　D. 倡导者

9. 一位母亲发现儿子小凡英语成绩不佳，于是每天都给他布置课外作业，但小凡不愿意做，母子俩天天为此吵架，关系越来越紧张。社会工作者小刘获知情况后，分别与母子俩沟通，并针对他们希望尽快缓和关系的需求制订了服务计划。上述小刘的工作内容属于（　　）。

A. 社区社会工作领域　　B. 矫正社会工作领域

C. 学校社会工作领域　　D. 家庭社会工作领域

10. 进城务工人员子女常需返回家乡完成高中阶段学习并参加高考。针对这种情况，社会工作者小许采用变迁型学校社会工作方式为返乡学生提供服务。下列小许的服务中，属于变迁型学校社会工作方式的是（　　）。

A. 促进家庭和学校联系并且提供追踪服务

B. 建立微信公众号定期推送学生学习动态

C. 成立学习互助小组帮助学生熟悉当地教材

D. 对初三厌学学生提供情绪支持和矫正服务

二、多项选择题

11. 关于社会工作发展特征的说法，正确的有（　　）。

A. 社会问题的不断变化和社会结构的多元化扩展了社会工作服务对象

B. 治疗-预防、救助-发展、权利-服务等成为新的社会工作目标模式

C. 在政府部门主导推动下，民办社会工作机构得以迅速发展

D. 在社会工作实践中以问题为本的整合社会工作已经成为发展的新趋势

E. 西方宗教改革与发展过程就是西方社会工作发展过程

12. 社会工作者小王发现社区居民彼此之间并不熟悉，一些居民连住对门的邻居都不认识。为促进居民交往，小王组织了社区"邻里节"活动，取得了良好效果。小王的此项工作体现的社会工作功能有（　　）。

A. 自上而下化解社区矛盾 　　　　B. 推进和谐社区建设

C. 解决社会排斥问题 　　　　　　D. 解决社会不平等

E. 协助社区居民建立社会资本

13. 某社会工作机构副总干事大宋是青少年服务项目的主管。他引导家长成立了互助小组，并为他们提供培训和咨询，大家还经常撰写专业文章，将自己的工作方法和专业反思予以提炼和总结。大宋的这些做法，体现了社会工作者的（　　）角色。

A. 资源筹措者 　　　　　　　　　B. 政策影响者

C. 服务提供者 　　　　　　　　　D. 支持者

E. 研究者

14. 郭某原是超市收银员，后因超市倒闭失去工作。她学历不高，没有其他技术，求职屡屡失败，极其悲观。她还有一个残障孩子，原由保姆照顾。因郭某比较要强，所以很少有人知道她孩子的情况。由于家庭经济紧张，郭某自己照顾孩子的同时还要求职，压力很大。近两个月郭某与丈夫的关系也比较紧张。如果你是社会工作者，你可以（　　）。

A. 把郭某的境遇发到微博，以链接更多资源

B. 联系劳动部门协助郭某找工作

C. 鼓励郭某参加劳动技能培训班

D. 寻找志愿者协助郭某照顾孩子

E. 针对郭某夫妻的问题进行辅导

15. 与一般行政管理不同，社会工作可以从深层次上发挥维持社会秩序的功能，这主要是因为社会工作具有（　　）的特点。

A. 自上而下解决问题

B. 通过服务化解矛盾

C. 强调要改变引起问题的、不尽合理的社会结构和制度环境

D. 重视权力运用

E. 人性化服务

参考答案

一、单项选择题

1. B	考点：我国社会工作的发展
2. C	考点：社会工作的领域
3. A	考点：社会工作的目标
4. B	考点：社会工作的功能
5. B	考点：社会工作的概念
6. C	考点：社会工作的功能
7. D	考点：社会工作的对象
8. A	考点：社会工作者的直接服务角色
9. D	考点：社会工作的领域
10. C	考点：变迁型学校社会工作

二、多项选择题

11. ABD	考点：社会工作的发展
12. BE	考点：社会工作的功能
13. CDE	考点：社会工作者的角色
14. BCDE	考点：社会工作的功能
15. BC	考点：社会工作的特点

第二章

社会工作价值观与专业伦理

2

【本章复习提示】

本章主要讲述社会工作专业的价值观和伦理守则。考试要点主要包括社会工作价值观的基本概念、内容，社会工作伦理守则的内容和实践中的问题。特别提醒考生注意实务情境中的伦理原则问题和伦理难题。同时，注意理解我国社会工作伦理原则。

单元 1 基础题

一、单项选择题

1. 关于社会工作价值观作用的说法,正确的是 (   )。

A. 社会工作价值观有助于社会工作者维护社会公正

B. 社会工作价值观可维护社会工作服务机构的利益

C. 社会工作价值观要求社会工作者满足服务对象愿望

D. 社会工作价值观促进社会工作者更好维护自身权益

2. 在社会实践中,社会工作者面临的伦理难题本质上反映出 (   )。

A. 当代社会中价值多元化和矛盾性   B. 社会工作者扮演不同角色的冲突

C. 人在情境中面临的各类伦理议题   D. 个人发展与社会发展的利益权衡

3. 当社会工作者与服务对象超越专业关系时,便会陷入双重关系的困境。关于社会工作伦理中双重关系的说法,正确的是 (   )。

A. 服务对象与社会工作者之间的双重关系受到专业伦理保护

B. 服务对象与社会工作者之间的双重关系是完全可以避免的

C. 服务对象与社会工作者的关系是一种具有清晰界限的工作关系

D. 服务对象把社会工作者看成协助者以外的角色有利于专业关系的建立

4. 社会工作者在社会救助、社会福利、社区治理、慈善事业等领域发挥着重要作用,他们运用专业理念与专业技能改善困难人群的福利状况,积极倡导制定有利于困难人群的社会政策。上述社会工作者的工作体现的专业价值观是 (   )。

A. 服务社会大众,兼顾个人利益

B. 推动社会改革,践行社会公正

C. 理解服务对象在生理、心理等各方面的差异性

D. 设身处地地为他人着想,积极维护正向人际关系

5. 社会工作者小马在为小陆夫妇进行婚姻咨询时发现,该家庭目前的主要问题是因小陆赌博,导致家中负债累累,夫妻之间的矛盾尖锐。小马将小陆转介给心理咨询师,安排其接受戒赌治疗。某一天心理咨询师致电小马说小陆未如约前往,小马给小陆打电话询问原因,小陆只说自己赌瘾越加严重,无法自拔,但他请求小马不要将此事告诉妻子。根据社会工作者价值观的实践原则,小马应 (   )。

A. 向小陆妻子讲述实情,避免她受骗并直面丈夫的谎言

B. 为小陆保密,以免在后续服务中失去他的信任与配合

C. 向小陆所在社区居委会报告此事,但对小陆妻子保密

D. 选择中止婚姻咨询服务,并与小陆商议新的服务项目

6. 15 岁的小毛是司法社会工作者小李的服务对象。小毛父亲找小李了解情况时发现自己和小李的父亲是老同事,过去还住在同一小区。他立即拜托小李多多关照小毛,在安排社会服务时予以特殊照顾。依据社会工作专业伦理,小李适宜的做法是 (   )。

A. 委婉告知小毛父亲,自己作为社会工作者必须公正服务

B. 利用与小毛父亲的熟人关系,推进小毛的个案服务进程

C. 婉拒小毛父亲的要求，但会在安排社会服务时予以照顾

D. 答应小毛父亲的要求，在安排社会服务时予以灵活处理

7. 老刘是当地知名的企业家，儿子小阳今年大学刚毕业。老刘一直希望儿子能出国学习经济，将来回国接管他的企业。但儿子不喜欢从商，觉得商业竞争太激烈，不适合自己，他很想找一份和音乐有关的工作。为此父子俩发生了激烈的争吵，又都说服不了对方，于是找到社会工作者寻求帮助。此时，社会工作者正确的做法是（　　）。

A. 支持小阳的观点
B. 劝说老刘尊重小阳的选择

C. 劝说小阳接受父亲的意见
D. 促进小阳与父亲的沟通

8. 在某地灾后重建中，社会工作者一方面救助处于困境中的服务对象；另一方面引导他们自强自立，减少依赖。上述工作所体现的社会工作价值观是（　　）。

A. 强调接纳与尊重
B. 权利与责任并重

C. 注重和谐与发展
D. 个人发展优先性

9. 某社区矫正机构的社会工作者在对假释人员张某进行家访时得知他是最近发生的一起盗抢案的作案者。面对这种情况，社会工作者最适宜的处理方法是（　　）。

A. 根据保密原则，为张某保密

B. 劝说张某到公安局自首

C. 直接向案发地居委会举报

D. 劝说张某将所盗窃财物悄悄退还给失主

10. 社会工作者小宁接到服务对象大强的电话，大强告诉小宁，自己刚从某传染病高风险地区回来，可能感染某传染病，但他不敢告诉社区居委会，怕被隔离和歧视，但又担心自己被感染而且会传染家人，为此感到非常焦虑和恐惧，已经连续几天失眠，并请小宁不要把此事告诉其他人。此时，小宁最恰当的做法是（　　）。

A. 安抚和疏导大强的焦虑情绪，并为其保守秘密

B. 婉拒大强的请求，请社区向居民发出安全提示

C. 诚挚地感谢大强的信任，建议其自行居家隔离

D. 帮助大强消除顾虑，让他向所在社区如实报告

二、多项选择题

11. 社会工作者伦理守则是对社会工作者在实践中的一般规定，指导社会工作者"应该做什么和不应该做什么"，其主要作用有（　　）。

A. 维护社会正义
B. 帮助社会工作者规避风险

C. 保护服务对象的权益
D. 推动社会工作服务机构的能力建设

E. 促进社会工作专业的健康发展

12. 某养老机构中居住着一些计划生育特殊困难家庭老人，他们因经历了丧子之痛，普遍比较敏感，情绪容易波动。根据社会工作价值观的基本信念和实践原则，社会工作者针对这些老人可开展的服务有（　　）。

A. 让其他老人分享生命故事，安抚老人的怀念之情

B. 向老人了解情绪波动的原因，尊重其表达的意愿

C. 建立志愿帮扶机制，协助老人逐步走出情绪困境

D. 尊重老人的自我决定，允许其不遵守机构部分规定

E. 与老人分享自己的感受，一起探讨改善情绪的办法

13. 社会工作的核心目标是促进社会福祉的发展和促进社会进步，因此，社会工作者的职责和专业实践始终对社会有着不可推卸的责任和道义承担。具体表现在（　　）。

A. 促进整体社会福祉　　　　　　　　B. 鼓励公民参与

C. 倡导社会与政治行动　　　　　　　D. 保障专业的完整性

E. 遵循专业的评估和研究

14. 社会工作者小吴在社区开展服务时，发现很多居民不了解社会工作服务，他们虽有困难但很少向社会工作者求助。为此，小吴向社区负责人和居民骨干请教与居民打交道的方法，他与同事共同讨论，总结以往实践经验，提炼出一套"居民沟通五步工作法"。小吴的做法体现的社会工作专业价值观的实践原则有（　　）。

A. 差别平等原则　　　　　　　　　　B. 自由自主原则

C. 注重和谐，促进社会共融　　　　　D. 平等待人，注重民主参与

E. 以人民为中心，回应社会需求

15. 12 岁的玲玲因父母被强制戒毒，由外婆照顾，生活比较困难。玲玲在学校常被个别同学欺负，表现出抑郁症状，目前已辍学在家，根据社会工作实践伦理决定中的生命质量原则，社会工作者适宜的做法有（　　）。

A. 与玲玲讨论吸毒的危害性　　　　　B. 为玲玲申请心理辅导服务

C. 劝玲玲立即回到学校复课　　　　　D. 申请临时救助保障其生活

E. 为玲玲组建同伴支持小组

参考答案

一、单项选择题

1. A　　　考点：社会工作价值观的作用

2. A　　　考点：社会工作伦理难题的含义

3. C　　　考点：伦理议题的主要内容中的双重关系

4. B　　　考点：社会工作价值观

5. D　　　考点：实践原则中的保密原则

6. A　　　考点：实践原则中的保密原则

7. D　　　考点：实践原则中的当事人自决原则

8. B　　　考点：我国社会工作专业价值观中的权利与责任并重原则

9. B　　　考点：实践原则中的保密原则

10. D　　　考点：实践原则中的当事人自决原则

二、多项选择题

11. ACDE　　考点：社会工作专业伦理的作用

12. BCE　　考点：我国社会工作专业价值观中的尊重、当事人自决原则

13. ABC　　考点：社会工作者对社会的伦理责任

14. CDE   考点：社会工作实践原则
15. BDE   考点：社会工作实践伦理决定

单元 2 提高题

一、单项选择题

1. 养老院的社会工作者为认知症老人开展服务前，需征得其监护人同意，并让监护人对服务内容进行选择，这种情况体现的社会工作实践原则是（   ）。

A. 接纳   B. 个别化处理   C. 保密   D. 当事人自决

2. 社会工作者在服务过程中不把自己的价值观强加于服务对象，不指责和批判服务对象的言行与价值观，并且不将自己的负面情绪宣泄在服务对象身上。上述做法体现的社会工作基本信念和实践原则是（   ）。

A. 尊重与接纳   B. 尊重与服务对象自我决定
C. 独特性与接纳   D. 尊重与对服务对象非评判

3. 下列关于社会工作价值观说法，正确的是（   ）。

A. 并非是在专业、职业范围内形成和发展起来的
B. 社会福利体制改革及社会政策实施奠定了社会工作实践的基本价值观
C. 中国文化与深受西方文化体系影响的社会工作价值观难以融合
D. 传统文化中的"大同"思想与西方社会工作价值观中的发掘个人潜能相矛盾

4. 陈女士因手术造成严重后遗症，情绪变得焦虑、暴躁，她认为是医院手术失误给她造成了伤害。但医院认为，在手术前已告知其风险，且陈女士家属也签署了同意书。陈女士感到十分委屈，向该院医务社会工作部的社会工作者大刘求助，希望大刘能帮助她"讨回公道"。此时，大刘面临的伦理议题主要是（   ）。

A. 双重关系   B. 隐私保密   C. 知情同意   D. 当事人自决

5. 社会工作者老王计划通过筹款平台为4岁患有先天性心脏病的小明筹集医疗费用。根据社会工作伦理守则，老王的下列做法最适宜的是（   ）。

A. 为增强筹款真实性，在平台配发小明卧病在床的照片
B. 征得小明父母同意后，隐去小明可识别的信息后筹款
C. 征得小明同意后，发动小明所在幼儿园老师捐款
D. 根据小明的意愿，隐去小明可识别的信息后筹款

6. 初中生小梁，性格内向，最近因琐事与母亲发生口角，父亲因其未完成寒假作业，对他进行严厉训斥。小梁负气离家出走，后被民警在一废旧仓库里发现，将其转介给社会工作者小秦。小梁表示自己不想活了，但又担心父母知道后伤心，并请小秦为自己保密。在此情形下，小秦首先要遵循的伦理原则是（   ）。

A. 保护生命原则   B. 差别平等原则
C. 自由自主原则   D. 最小伤害原则

7. 社会工作者陈某在采用精神分析技术为服务对象提供心理治疗的过程中，突然发现服务对象是自己儿子所在单位的主管。面对这种情况，陈某应该（   ）。

A. 利用此机会接近服务对象，建立起信任的工作关系

B. 终止提供服务

C. 征得服务对象同意后，将其转介给其他同事

D. 与儿子核实服务对象的相关信息

8. 社会工作者对"社会"的伦理责任是（　　）。

A. 提升实践能力　　　　　　　　B. 促进公众参与

C. 推进专业完整　　　　　　　　D. 倡导自我决定

9. 社会工作者小王在进行社会服务时，事先了解服务对象的地域、语言、风俗习惯、宗教信仰等，以便与服务对象建立良好的合作关系。这体现了社会工作者对服务对象的（　　）伦理责任。

A. 尊重服务对象的自我决定　　　B. 使服务对象知情同意

C. 具有文化敏感性　　　　　　　D. 保护服务对象的隐私和保密性

10. 在处理问题时，社会工作者有义务为服务对象提供必要的信息并征得服务对象的同意。这体现了社会工作者对服务对象的（　　）伦理责任。

A. 尊重服务对象的自我决定　　　B. 使服务对象知情同意

C. 具有文化敏感性　　　　　　　D. 保护服务对象的隐私和保密性

二、多项选择题

11. 下列关于社会工作价值观作用的说法，正确的有（　　）。

A. 社会工作价值观促进人的全面发展，保护服务对象的权益

B. 通过价值观的指引和规范，推动社会工作专业的健康发展

C. 社会工作价值观主要起到保障社会工作者合法权益的作用

D. 社会工作价值观可有效促进社会工作服务机构内容的合理部分

E. 社会工作价值观维护社会正义，强调不同群体的平等发展

12. 社会工作是助人的专业和职业，受到特定的专业价值和伦理的约束，社会工作价值体系的意义表现在（　　）方面。

A. 确定了社会工作的专业特质

B. 确保专业行动在最大限度上保护服务对象的利益

C. 确保社会工作为维护社会公平正义发挥力量

D. 保障社会工作者的各项权益

E. 推动法治社会的建设

13. 社会工作者小周在一次个案面谈中得知，服务对象小李已成功戒毒，但在吸毒期间染上了艾滋病。小李因为害怕失去妻子，要求小周一定为他保密。小李妻子则经常向小周抱怨小李行为怪异，对自己感情冷淡，怀疑他对婚姻不忠，并希望通过怀孕来保全自己的婚姻和家庭。根据社会工作专业伦理，小周宜采取的做法有（　　）。

A. 将小李的病情直接告知其妻子，请她多加关注

B. 为小李疏导情绪，减轻精神压力积极面对问题

C. 征得小李同意后，为他介绍病友自助互助小组

D. 将小李的全部情况在机构个案报告会议中讨论

E. 与小李的妻子探讨该如何维系他们的婚姻关系

14. 小刘是社会工作者老李的帮教对象。当老李和小刘谈找工作的事情时，小刘说："你不要整天盯着我，我不想工作，也不用你帮我找工作，我就喜欢吃低保。"根据社会工作伦理难题处理的自由自主原则，老李适宜采取的做法有（ ）。

A. 尊重并接受小刘的意见，停止为他提供个案服务

B. 与小刘沟通，说明非自愿服务对象应服从安排

C. 倾听小刘的叙述和表达，清楚说明帮教的意图

D. 尊重小刘的意见，探寻他不想工作的深层原因

E. 邀请小刘一起讨论帮扶方案，调动他的积极性

15. 社会工作者小丁在一次个案会谈中了解到他的服务对象老王是当地教育部门的一名工作人员。小丁的侄女今年要上小学，小丁想找老王帮忙，让侄女上一所好学校，但他也深知如果让老王帮忙会违背社会工作专业伦理。这个案例中，小丁面临的伦理困境有（ ）。

A. 人情与法制及规定的冲突 B. 价值介入与客观性的矛盾

C. 自我决定与家长制的矛盾 D. 保密与公开信息的矛盾

E. 个人利益与职业社会责任的冲突

参考答案

一、单项选择题

1. D　　考点：我国社会工作专业价值观中的当事人自决原则
2. D　　考点：社会工作价值观
3. B　　考点：我国社会工作价值观
4. A　　考点：社会工作伦理的双重关系原则
5. B　　考点：社会工作伦理的知情同意原则
6. A　　考点：社会工作伦理的保护生命原则
7. C　　考点：社会工作伦理的双重关系原则
8. B　　考点：社会工作者对社会的伦理责任
9. C　　考点：社会工作伦理的文化敏感性原则
10. B　　考点：社会工作伦理的知情同意原则

二、多项选择题

11. ABE　　考点：社会工作价值观的作用
12. ABC　　考点：社会工作价值观的作用
13. BC　　考点：社会工作伦理的保密原则、服务对象自我决定原则
14. CDE　　考点：社会工作伦理的自由自主原则
15. AE　　考点：社会工作伦理双重关系

单元3 易错题

一、单项选择题

1. 社会工作者大李在机构值班时接到服务对象小杰的电话，交流中小杰多次流露出厌世轻生的念头，并请大李替他保密。根据社会工作伦理难题处理的一般顺序，大李首先应做的是（　　）。

A. 评估小杰的危机程度　　　　　B. 咨询督导的专业意见

C. 分析给机构带来的利益和风险　　D. 尊重小杰的自我决定

二、多项选择题

2. 张女士是两个孩子的母亲，因长期遭受丈夫的家庭暴力，向社会工作者求助。社会工作者选择在安全的环境中与张女士面谈，鼓励她表达自己的感受和经历。社会工作者还注重保护张女士的权益，向其详细解释了家庭暴力的性质和危害，以及她可以享有的合法权益。在征得张女士的同意后，小周开始协助她制订安全计划，包括如何避免暴力升级、如何保护自身和孩子的生命安全。同时，还积极与法律援助机构联系，为张女士提供服务。针对以上情形，社会工作者在开展服务时遵循的社会工作专业价值观的实践原则有（　　）。

A. 非评判　　B. 个别化　　C. 尊重　　D. 保密　　E. 当事人自决

参考答案

一、单项选择题

1. A　　考点：社会工作专业伦理保护生命的原则

解析：根据社会工作专业伦理保护生命的原则，当服务对象流露出危及生命的迹象时，首先应该判断其危机程度，以保护生命为第一原则。

二、多项选择题

2. AE　　考点：社会工作价值观的实践原则

解析：本题的难点在于对社会工作专业伦理原则的理解。题目中呈现的家庭暴力无论是从社会工作专业价值立场，还是从社会主流价值立场，都是不能接受的。但是，社会工作者在具体服务中不能以自己的价值立场去评判。社会工作专业强调每一个人都是独立的、平等的，这是社会工作专业的基本价值原则。任何评判都会伤害服务对象的独立性。同时，社会工作者有义务向服务对象提供必要的信息，服务对象有权利在充分知情的前提下选择服务的内容、方式，并在事关服务对象利益的决策中起到主导作用。

单元 4 闯关题

一、单项选择题

1. 下列关于社会工作价值观的说法，正确的是（　　）。

A. 社会工作者可以在机构内外对机构政策进行宣传和评价

B. 社会工作者应发挥自身的专业优势代替服务对象进行决策

C. 社会工作者在任何情况下都不得向第三方透露服务对象的隐私

D. 社会工作者应将服务对象视为与自己一样平等的、有价值的人

2. 在我国社会里，社会福利思想和制度对社会工作价值观的影响也是显而易见的。以下说法错误的是（　　）。

A. 我国历史上的民间慈善实践强调互助仁慈，推崇尊老爱幼、扶贫济困

B. 家庭成为人们需求得以满足、困难得以化解的最可靠制度

C. 民间主要是通过亲友、邻里、同乡等渠道来救济穷人

D. 对个人福祉而言，社会支持网络中邻里是最重要的

3. 在社会工作专业价值观中，关于保密的说法正确的是（　　）。

A. 社会工作者任何情况下都不得泄露服务对象资料

B. 服务结束后，社会工作者可以披露服务对象的某些信息

C. 为避免严重后果，社会工作者可以在特定范围内披露服务对象资料

D. 如果服务对象不属于困难群体，社会工作者可以披露其信息

4. 在社会工作专业服务中，关于服务对象自决权的说法，正确的是（　　）。

A. 当服务对象不愿自决时，要为其提供合理的建议，帮助其自决

B. 自决权是服务对象应有的权利，任何情况下都不应当被限制

C. 充分尊重服务对象的自决权，不要对服务对象进行干预

D. 当服务对象不能自决时，代其完全自决

5. 社会工作者小黄在暑期为社区流动儿童开设了"友乐童行"小组。组员小军的父母得知小黄和自己是同乡，特地送来水果，希望小黄多关照小军，多给他表现的机会。此时，社会工作者面临的伦理难题是（　　）。

 A. 双重关系   B. 知情同意   C. 多元文化   D. 专业能力

6. 小吴因受到朋友的不良影响而吸食毒品，妻子知道后打算与他离婚。小吴感到非常沮丧，失去了生活信心，社区居委会将其转介到社会工作服务机构。社会工作者小王对吸毒的人是很反感的，但是，为了工作小王还是为小吴提供个案服务。小王的行为体现了社会工作专业的（　　）原则。

 A. 个别化   B. 接纳   C. 非批判   D. 自决

7. 老王失业 4 年，想开家店，要健康体检。他自己有甲肝，就找到社会工作者小王。小王正确的做法是（　　）。

A. 帮老王保守秘密，找人帮他开证明

B. 探讨风险，鼓励治疗

C. 探讨风险，找人开证明

D. 婉言拒绝，对他开证明不置可否

8. 以下（　　）不属于社会工作者对同事的伦理责任。

A. 尊重

B. 利益冲突与争议的处置

C. 教育与培训

D. 督导

9. 在我国特定的政治经济和社会制度里，社会工作专业的方法、伦理原则与实践模式同政府的政治治理及社会行政实践应该进行协调，以充分反映现实情况、要求与专业实践的标准。这体现了制定社会工作专业伦理守则的（　　）原则。

A. 现实需要和未来发展相结合

B. 本土社会的伦理实践与国际社会工作专业伦理规则相结合

C. 专业实践与政治实践互不冲突

D. 专业教育与专业实践相结合

10. 社会工作者小张因需休产假而暂时离开工作岗位，为此，小张专门向服务对象王女士说明情况，并询问她是否愿意由自己的同事继续为其提供个案服务。上述小张的做法主要体现了（　　）。

A. 社会工作者对同事的伦理责任

B. 社会工作者对服务机构的伦理责任

C. 社会工作者对服务对象的伦理责任

D. 社会工作者对专业的伦理责任

二、多项选择题

11. 社会工作是社会工作者运用专业理论和方法为人们提供服务的实践活动。实践中，社会工作者的行为受到特定的专业价值和伦理的约束，社会工作价值观的重要意义在于（　　）。

A. 对专业实践的规范

B. 对功效的保障

C. 对服务对象权利的维护

D. 对社会工作者权力的规范

E. 对社会风气的改善

12. 某社会工作服务机构的社会工作者在社区探访中发现，社区的一些空巢老人平时不愿出门，缺少家人照顾，日常生活遇到很多困难，但又不愿入住养老院。该社会工作服务机构开展的下列工作中，符合社会工作价值观的是（　　）。

A. 联系空巢老人的亲属们，一起帮助空巢老人入住养老机构

B. 撰写调研报告递交有关部门，推动社区日间照料中心建设

C. 组织成立居民服务日，定期到空巢老人家中开展志愿服务

D. 开展政策学习，为改善空巢老人的生活质量寻找政策依据

E. 在社区内组织开展联谊活动，增进空巢老人间的沟通交流

13. 社会工作者对其所在的服务机构的伦理责任有（　　）。

A. 接受机构的培训和督导

B. 管理好服务对象的档案记录

C. 必要时将服务对象转介

D. 不断增强服务对象的能力

E. 促进社会福利的提升

14. 社会工作者小王从网上收集了很多国外的减压方法，并把这些方法介绍给自己正在带领的某员工减压小组的组员。但是，组员认为这些减压方式并不适合自身的职业特点，因此拒绝配合。得到这一反馈后，小王及时作出调整，与组员一起讨论哪些是更适合他们自身特点的减压方法。小王的这种做法体现了社会工作专业伦理中（　　）的准则和特征。

A. 服务对象利益至上　　　　B. 自我决定　　　　C. 不侵犯隐私

D. 文化敏感性　　　　　　　E. 知情同意

15. 在吸收国际社会工作发展成果的基础上，根据我国构建和谐社会的需要和当前社会工作的发展特点，社会工作专业伦理守则在建设方面应当注重以下（　　）基本原则。

A. 现实需要和未来发展相结合

B. 本土社会的伦理实践与国际社会工作专业伦理规则相结合

C. 专业实践与政治实践互不冲突

D. 专业教育与专业实践相结合

E. 前期需求调查与后期效果评估相结合

参考答案

一、单项选择题

1. D　　　考点：平等的原则

2. D　　　考点：我国社会工作价值观

3. C　　　考点：实践原则中的保密原则

4. A　　　考点：实践原则中的当事人自决原则

5. A　　　考点：社会工作伦理的双重关系原则

6. B　　　考点：社会工作伦理的接纳原则

7. B　　　考点：社会工作伦理的保密原则

8. D　　　考点：社会工作者对同事的伦理责任

9. C　　　考点：专业实践与政治实践互不冲突

10. C　　　考点：社会工作者对服务对象的伦理责任

二、多项选择题

11. ABC　　　考点：社会工作价值观的作用

12. BCDE　　　考点：社会工作价值观的作用

13. AB　　　考点：社会工作伦理的社会工作者对机构的伦理责任

14. ABE　　　考点：社会工作伦理的服务对象至上、自我决定、知情同意原则

15. ABC　　　考点：我国社会工作专业伦理守则建立的原则

第三章

人类行为与社会环境

3

【本章复习提示】

    本章主要考查人类行为与社会环境的相关知识，重要考点包括：人类需要的层次和类型、人类行为的类型和特点、社会环境的构成要素及其影响、人类行为与社会环境的关系、理论基础、人生发展各阶段的特征和主要问题等。

    考生在复习中应注意：重点概念和理论要记忆清晰，如马斯洛需要层次论、社会环境构成要素等；通过多做习题来掌握各个发展阶段的特点，能做到正确判断个体所处发展阶段的生理、心理、社会性发展特征，掌握各发展阶段可能面临的主要问题，能准确判断案例中的问题所属类别及介入方法；理解个人如何适应社会环境，社会环境如何影响个人行为，以及人类行为与社会环境的生物学、心理学和社会学的理论基础；能分析选择题案例材料中的相关社会环境要素，理解这些要素对个体行为的影响。

单元 1 基础题

一、单项选择题

1. 学校是学生个人社会化的重要场所，为了促进学生身心健康和综合素质全面发展，某中学委托一家青少年社会工作服务机构举办了"探索未来"学生科技节活动，鼓励学生发明创造并参加展览，培养了学生的创新思维和动手能力。上述情况反映了学校对学生行为的主要影响因素是（   ）。

A. 教学模式　　　　B. 班级规模　　　　C. 师资水平　　　　D. 空间布局

2. 为改善安宁病房临终老人的情绪状态，社会工作者通过人生回顾、共话故事等方式开展个案服务。针对老年阶段面临的主要问题，社会工作者的上述服务，最能反映出老年临终关怀服务内容的是（   ）。

A. 哀伤辅导　　　　B. 政策倡导　　　　C. 生命教育　　　　D. 遗嘱预立

3. 社会工作者小王在某个青少年抗逆力小组中发现，有的组员会因为一些小问题与其他组员发生冲突，他们在应对冲突时，有时能理性面对，有时则出现逆反情绪。这说明青少年的情绪发展呈现出（   ）的特点。

A. 两极性　　　　B. 随意性　　　　C. 差异性　　　　D. 稳定性

4. 20 岁的小敏被医生诊断为神经性厌食症，但她拒绝配合治疗。在与社会工作者的一次谈话中，小敏说："我只是不吃饭，没有神经性厌食症，医生都是胡说的，你看那些模特，都那么瘦，多健康时尚啊！"小敏的上述说法反映出她对自己行为判断的依据是（   ）。

A. 统计学标准　　　　　　　　　　B. 行为适应性标准

C. 个人主观体验　　　　　　　　　D. 社会规范与价值标准

5. 社会工作者发现，在校园欺凌事件中，施暴者往往不顾学校的规定，多次对他人实施暴力。依据人类行为的类型，校园欺凌主要属于（   ）。

A. 叛逆行为　　　　B. 反社会行为　　　　C. 本能行为　　　　D. 亲社会行为

6. 小雯立志成为一名优秀的美食主播，经常外出旅行寻找各种特色美食。结果越吃越胖，出镜效果变差，直播流量下降。为了实现美食主播的理想，小雯开始锻炼身体，努力健身塑形，并初见成效。上述小雯的行为，体现出人类行为具有的特点是（   ）。

A. 适应性　　　　B. 多样性　　　　C. 发展性　　　　D. 可控性

7. 高女士所在的公司近期完成了全面装修改造。高女士已怀孕 3 个月，她担心公司装修污染会对胎儿产生不良影响，于是找公司领导反映自己的想法，在此过程中与领导发生了激烈争执。为此，她向社会工作者求助，社会工作者根据莱恩·多亚尔和伊恩·高夫的需要理论判断，高女士的需要属于（   ）。

A. 关系的需要　　　B. 成长的需要　　　C. 尊重的需要　　　D. 中介需要

8. 刚刚转学的小丹对新学校的学习生活有些不适应。她父母虽然工作很忙，但仍每天抽出时间听她讲学校的事情，鼓励她积极面对各种困难。小丹父母的这种做法体现了家庭的（   ）。

A. 情感支持功能　　　　　　　　　B. 增强权能功能

C. 行为塑造功能　　　　　　　　　　D. 行为约束功能

9. 社会工作者小李在辅导小学生小明时，只要小明按时完成作业，小李就及时给予表扬和鼓励。半年之后，小明养成了按时完成作业的良好习惯。小李的做法是基于（　　）。

A. 米德的自我理论　　　　　　　　　B. 皮亚杰的认知发展理论

C. 斯金纳的操作行为主义理论　　　　D. 埃里克森的人类发展阶段论

10. 林先生，42 岁，某企业中层管理人员。即便平日工作再忙，他也会抽出时间照顾家庭，经常陪伴孩子骑车、踢球，辅导孩子功课，与妻子一起做家务，家庭关系融洽。林先生的上述情况，符合中年阶段社会性发展特征的是（　　）。

A. 责任意识增强　　B. 社会角色转变　　C. 社会情感发展　　D. 认知能力发展

二、多项选择题

11. 阿尔德弗尔的 ERG 理论的特点主要包括（　　）。

A. 他并不强调需要层次的顺序

B. 当较高级需要受到挫折时，可能会退而求其次

C. 只有基本满足了低级需要后才会产生高级需要

D. 某种需要在得到基本满足后，其强烈程度不仅不会减弱，还可能会增强

E. 当某种需要得到满足后，可能去追求更高层次的需要，也可能没有这种上升趋势

12. 人类是在环境之中生活的，同时又具有能动性。人类行为和社会环境相互影响，二者的关系是复杂关系，主要表现在（　　）。

A. 人的行为要适应社会环境　　　　　　B. 社会环境影响人的行为

C. 社会环境和生物遗传共同对人类行为产生影响　　D. 人类能够改变社会环境

E. 人类行为与社会环境关系的平衡性

13. 科尔伯格理论将前习俗水平分为（　　）等阶段。

A. "好孩子"定向　　　　　　　　　　B. 相对功利取向

C. 普遍性伦理准则　　　　　　　　　　D. 惩罚与服从定向

E. 社会契约定向

14. 70 岁的姚爷爷患糖尿病 20 多年，一直都是姚奶奶悉心照顾，独生子姚先生时常出差外地，儿媳要照顾年幼的孙女。半年前姚奶奶病逝，独居的姚爷爷变得很少与人说话，情绪越发低落，常常忘记吃饭，和儿子通电话时会突然变得激动起来。最近，姚先生发现父亲的血糖指标有些异常，劝其住院观察一段时间，老人不同意，干脆把自己关在屋里几天不见人。姚爷爷目前面临的主要问题有（　　）。

A. 健康管理　　B. 生活照料　　C. 医疗救助

D. 庇护服务　　E. 精神慰藉

15. 刘女士今年 52 岁，最近经常出现失眠、乏力、情绪不稳定等不良症状。由于刘女士是公司里的骨干，她承担了主要的工作任务，因为工作劳累，她的体质以及心理都出现了衰老现象。她最近发现丈夫和别的女人有了一段新的感情，这让她痛苦不堪。请问刘女士面临的问题包括（　　）。

A. 家庭暴力　　B. 更年期综合征　　C. 早衰综合征

D. 精神健康问题　　E. 婚外恋

参考答案 ••

一、单项选择题

1. A	考点：学校对人类行为的影响（教学模式）
2. A	考点：老年临终关怀服务内容
3. A	考点：青少年情绪发展的特征
4. C	考点：划分正常行为和偏差行为的常用标准
5. B	考点：人类行为的类型
6. D	考点：人类行为的特点
7. D	考点：莱恩·多亚尔和伊恩·高夫的需要理论
8. A	考点：家庭的功能
9. C	考点：斯金纳的操作行为主义理论
10. A	考点：中年阶段社会性发展特征

二、多项选择题

11. ABDE	考点：阿尔德弗尔的 ERG 理论
12. ABCD	考点：人类行为和社会环境的基本关系
13. BD	考点：科尔伯格道德发展阶段论中的前习俗水平
14. ABDE	考点：老年阶段面临的问题
15. BCE	考点：中年阶段面临的问题

单元 2 提高题

一、单项选择题

1. 佳佳的身高体重明显低于同龄人，每天到幼儿园都会哭闹，不与小朋友一起玩，吃饭或排队时到处乱跑，玩游戏时无法集中注意力。幼儿园老师向社会工作者小吴咨询如何处理，小吴的建议是让佳佳妈妈带孩子去检查一下发育状况，其判断佳佳行为的标准是（　　）。

　　A. 个人主观体验　　　　　　　　　　B. 行为适应性标准

　　C. 社会规范与价值标准　　　　　　　D. 统计学标准

2. "小事不出村，大事不出镇，矛盾不上交。" 20 世纪 60 年代 "枫桥经验" 的历史沉淀，在创新基层社会治理中焕发了活力，有利于满足新时代人民群众美好生活的需要。从人类需要层次类型出发，最能够反映新时代人民群众美好生活需要的是（　　）。

　　A. 发展性需要　　　B. 物质性需要　　　C. 生存性需要　　　D. 生理性需要

3. 下列关于人类需要层次理论的说法，正确的是（　　）。

　　A. ERG 理论强调需要层次的先后顺序

B. 最占优势的需要将支配个人的意识和行为

C. 生存性需要包括阳光、空气、水、火、食物和医疗

D. 莱恩·多亚尔和伊恩·高夫认为人类不存在客观需要

4. 大学生小胡一直热心公益事业，经常利用暑期参加社会工作服务机构组织的关爱老年人活动。他弹唱老人们熟悉的歌曲，展示街舞才艺，让老人们感受年轻人的世界。小胡的这种行为属于（　　）。

A. 本能行为　　　　B. 亲社会行为　　　　C. 利己行为　　　　D. 规范性行为

5. 关于人类行为与社会环境基本关系的说法，正确的是（　　）。

A. 社会环境对人类行为的影响更大一些

B. 人类行为的改变必须从人类本身入手

C. 个人行为对社会环境有决定性的影响

D. 群体行为决定着人类行为的参照标准

6. 小明是初一学生，班主任张老师发现他比较胆小，学习中遇到困难总是采取逃避的态度。张老师通过家访了解到小明父亲是一名客车司机，常年在外跑长途，对小明要求严苛，小明母亲包揽了小明的生活，把他照顾得无微不至。小明的家庭教养模式属于（　　）。

A. 民主型　　　　B. 支配型　　　　C. 娇纵型　　　　D. 冲突型

7. 宝宝六个月了，爸爸妈妈逗她时，她会微笑，但见到陌生人时，她没有什么表情。根据鲍尔比的依恋理论，宝宝正处于（　　）。

A. 前依恋关系阶段　　　　　　　　B. 形成中的依恋关系阶段

C. 鲜明清晰的依恋关系阶段　　　　D. 纠正目标的依恋关系阶段

8. 56岁的叶先生来到社区居委会向社会工作者求助。他说他的妻子是企业中层管理人员，比他小5岁，最近一段时间脾气特别暴躁，这可能与两人婚后一直未生育有关。妻子现在怀疑他出轨，对他很冷淡。叶先生觉得很无辜，因为他从未有过外遇，也从没想过要离婚。针对叶先生目前面临的主要问题，社会工作者适宜的做法是（　　）。

A. 协助他们夫妻冷静审视婚姻，学习夫妻的相处之道

B. 协助他们夫妻重新审视家庭，了解家庭暴力的伤害

C. 协助他们夫妻增强责任意识，保持良好的情绪状态

D. 协助他们夫妻重塑事业观念，定位职业转型的目标

9. 由于小双父母工作很忙，在小双3周岁前家里陆续请过3位保姆。每次换保姆，小双都会哭闹不止，妈妈只好请假在家陪几天，等与新保姆熟悉后，小双的情绪才会平稳下来。小双的表现体现出婴儿在社会化过程中的特点是（　　）。

A. 控制　　　　B. 攻击　　　　C. 退缩　　　　D. 依恋

10. 46岁的王女士原来是一家基金会的项目经理，两年前为了照顾5岁的小女儿辞职。最近她觉得丈夫对自己说话不尊重，婆婆看自己不顺眼，大儿子嫌自己唠叨。她变得越来越焦虑，常常失眠，动不动就发脾气。针对王女士的情况，社会工作者最适宜采取的干预措施是（　　）。

A. 教授陪伴和管教儿童的相关技能　　B. 引导学习释放压力的方法和技巧

C. 帮助改善夫妻的沟通方式和方法　　D. 协助消除婆媳的误解以缓解矛盾

二、多项选择题

11. 学校社会工作者为刚入学的外来务工人员子女提供服务，服务内容包括讲授人际交往技巧，协助他们与其他同学建立伙伴关系；促进他们成为班级的一员，辅导学业和培养兴趣，帮助他们建立自信，获得同学的认可。该服务直接满足了外来务工人员子女的需要有（　　）。

A. 生理需要　　　　B. 安全需要　　　　C. 爱与归属需要

D. 尊重需要　　　　E. 自我实现需要

12. 小王是大一新生，性格内向，家境优裕，上高中时因看不惯宿舍同学的卫生习惯选择走读。上大学后，小王因为不适应集体生活，开始失眠，食欲下降，身体急剧消瘦，精神状态越来越差。宿舍同学发现小王的情况后，主动关心他，帮助其改善失眠状况，提升睡眠质量。关于同辈群体的特点及其对个体行为影响的说法，正确的有（　　）。

A. 宿舍同学的支持能够帮助小王尽快适应集体生活

B. 宿舍应当建立严格的熄灯制度以约束同学的行为

C. 小王应接受宿舍同学的行为习惯，以便融入集体

D. 小王与宿舍内的每一位同学的地位应该是平等的

E. 小王的睡眠改善后，对宿舍生活有了较强的认同性

13. 4 岁的小明患有孤独症，智力迟于同龄小朋友，不爱说话，说话不清，与周围的人交流有困难。其父母在对小明的教育中感到很吃力，找到了社会工作者老李。老李针对这种情况采取的干预措施是（　　）。

A. 开展孤独症幼儿成长小组

B. 对家长提供情绪疏导和心理支持服务

C. 为孤独症患者争取社会福利和社会保障

D. 鼓励小明主动与他人交流

E. 对小明的不友善行为适当予以批评，以激励他改变现状

14. 面对日益增长的青少年性行为现象，社会工作者要积极主动地开展性教育，引导青少年正确认识性和性行为是非常必要的。以下社会工作者采取的措施正确的是（　　）。

A. 鼓励树立正确的男女观念，建立正确的性态度

B. 教育他们学会男女之间的正确交往，认识社会的道德规范和行为准则的内容

C. 告诫他们尽量不要有男女之间的任何交往

D. 要正确处理少男少女之间的情感，培养他们的健康人格

E. 告诫他们不要看有关性知识的书籍，以净化其心灵

15. 随着信息化建设的快速发展，大众传媒对青少年的影响越来越大，其主要表现有（　　）。

A. 可以增强青少年的固有观念和行为　　　B. 可以通过重复传播来改变青少年的行为

C. 可以使青少年改变其原有的立场　　　　D. 可以使青少年的积极影响多过消极影响

E. 可以提供信息引导青少年的行为

参考答案

一、单项选择题

1. D	考点：划分正常行为和偏差行为的标准
2. A	考点：人类需要的类型
3. B	考点：人类需要的层次
4. B	考点：人类行为的类型
5. A	考点：人类行为与社会环境的基本关系
6. B	考点：家庭教养模式的类型
7. B	考点：人类行为的心理学理论中的依恋理论
8. A	考点：中年阶段面临的主要问题
9. D	考点：婴幼儿阶段的主要特征
10. B	考点：中年阶段面临的主要问题

二、多项选择题

11. CD	考点：马斯洛的需要层次论
12. AD	考点：同辈群体对个体行为的影响
13. ABC	考点：针对孤独症儿童的干预
14. ABD	考点：针对青少年性行为开展的工作
15. ABCE	考点：大众传媒对人类行为的影响

单元 3 易错题

一、单项选择题

1. 小山曾因交友不慎而吸毒，经社会工作者帮助成功戒毒，并从受助者变为助人者，以同伴志愿者的身份加入"预防复吸，戒除毒瘾"社区宣传活动中。根据阿尔德弗尔的 ERG 理论，小山的需要属于（   ）。

  A. 生存需要　　　　B. 关系需要　　　　C. 成长需要　　　　D. 中介需要

2. 初中生小明因期末考试成绩差被父亲责打，一气之下离家出走。他的父母向社会工作者求助。社会工作者了解到小明的父母平时工作忙，无暇照顾小明，管教孩子的方式也比较简单。根据上述内容，小明的家庭教养模式是（   ）。

  A. 娇纵型　　　　B. 支配型　　　　C. 放任型　　　　D. 专制型

二、多项选择题

3. 中专毕业的小王，在校期间学的数控专业，可是在找工作过程中，专业对口的工作很少，即使有也以没有工作经验为由被拒绝。小王感到很苦恼。社会工作者针对其就业问题的干预措施主要有（　　　）。

A. 帮助小王提高自身的就业能力，准确定位自己的职业发展目标，有的放矢地进行求职择业

B. 推动政府不断完善就业的服务体系，营造有利于人才合理流动的大环境

C. 帮助小王宣泄其负面情绪，促使其作冷静、理智和创造性的思考，协助其认识自身拥有的资源和潜能

D. 不断完善法律法规，建立青年就业机制，在劳动法、就业保障体系等方面进行修改、补充和完善

E. 帮助其联系相关的就业单位，以实现顺利就业

参考答案

一、单项选择题

1. C　　考点：阿尔德弗尔的 ERG 理论

解析：阿尔德弗尔的 ERG 理论将人的需求划分为三类：1. 生存需要：关注生理和物质需求，例如食物、衣物、住房等。2. 关系需要：关注人与人之间的关系和社交需求，包括通过与他人互动和建立良好关系来获得情感支持和社会认同。3. 成长需要：关注个体的自我发展和自我完善需求，体现在通过实现个人潜能、获得成就感和提升个人能力的过程中。在本题情境中，戒毒成功后的小山转变为同伴志愿者，积极参与社区的"预防复吸，戒除毒瘾"宣传活动，帮助他人避免毒瘾复发。从受助者变为助人者，这一转变意味着他在帮助他人的过程中获得了自我实现与成长，体现了对成长需要的追求。故选 C。

2. D　　考点：家庭教养模式的类型

解析：在本题情境中，小明的父亲因其成绩差而责打他，导致小明因此离家出走，这一情境更符合专制型家庭教养的特征，特别是父母的管教方式过于严苛、暴力，并且缺乏耐心和关爱。专制型家庭教养的特点：父母往往缺乏耐心和爱心，他们的管教方式粗暴，强调命令和服从，忽视孩子的情感和需求。孩子通常没有自主权和表达意见的空间，父母教育孩子的方式更多是强制性的。在题目中，小明因为期末考试成绩差被父亲责打，可以看作父母对孩子的管理方式过于粗暴，采用了惩罚而非引导方式，且没有考虑到孩子的心理需求。这种情况很符合专制型家庭的特征，尤其是在孩子因此产生了反抗情绪，选择了离家出走，这表明孩子在这种家庭环境下缺乏对父母的信任和亲密感。易错点分析：为什么放任型不太符合题意？放任型家庭的特点是父母缺乏责任感，对

孩子放任自流，通常缺乏对孩子的干预和约束。尽管父母平时工作忙，但如果管教方式简单并不等于完全缺乏约束。放任型家庭更多的是父母对孩子的行为不加以管教，且没有足够的情感支持。题目中提到小明因为成绩差而被父亲责打，这一行为不属于放任，而是较为严厉的反应。综合来看，父亲责打孩子的行为并未表现出对孩子情感的尊重，且缺乏耐心和细致的教育，更符合专制型家庭教养模式，故选 D。

二、多项选择题

3. ABC 　考点：青年阶段面临的主要问题（社会工作者针对青年就业问题的干预）

　　解析：根据教材知识点，针对青年就业问题，社会工作者的干预措施主要有三点：一是要帮助青年提高自身的就业能力，准确定位自己的职业发展目标，有的放矢地进行求职择业；二是推动政府不断完善就业的服务体系，健全就业市场、人才市场、劳动力市场的信息相互贯通和共享机制，营造有利于人才合理流动的大环境；三是帮助在就业中受挫的青年宣泄其负面情绪，促使其作冷静、理智和创造性的思考，协助其认识自身拥有的资源和潜能。在本题情境中，要求回答的是"社会工作者针对其就业问题的干预措施"，是针对服务对象小王个体的干预措施。再来分析小王的主要困难：他是一名中专毕业生，在校学的是数控专业，但找工作时遇到困难，可见其主要困难包括：1. 专业对口的工作少；2. 即使有相关工作，也因没有经验被拒绝；3. 小王感到苦恼。针对这些问题，对候选项进行选项解析：选项 A 针对小王的困境提供了直接有效的干预措施，社会工作者通过帮助小王提高自身的就业能力（例如提升专业技能或综合素质），并帮助其明确职业目标和求职方向，可以有效提升小王的就业竞争力，帮助其更加有针对性地寻找工作。此干预措施符合社会工作者在帮助求职青年时的核心职能，故选项 A 正确。选项 B 是从社会层面进行干预，推动政策层面完善就业服务体系，改善整体的就业环境。这是一个长远的、宏观的干预措施。因此，选项 B 正确。选项 C 的干预措施着眼于小王的心理层面，帮助其释放负面情绪，并促进其理性思考。通过这种心理支持，可以帮助小王保持积极的心态，认识到自己的潜力，从而更有信心地面对就业挑战。对小王的情绪调节和心理疏导是非常重要的，特别是面对长时间的就业困境时，这种心理支持能够帮助其保持更积极的求职态度，故选项 C 正确。选项 D 涉及宏观层面的政策干预，旨在通过改变法律和制度来改善整体就业环境。这种措施对全体青年的就业有积极作用，但它对于解决小王个人就业问题的帮助不大，尤其是小王目前需要的是具体的、有针对性的就业支持。即宏观政策层面的措施不适合个人困境干预，不符合本题的干预方向，故选项 D 不适用于小王的具体情况。选项 E 是一种具体的就业对接措施，直接帮助小王与相关就业单位进行联系，可能提高其就业的机会，但社会工作者的职责更多是提供辅导、支持和能力提升，而不是直接充当中介帮助联系就业单位。此外，缺乏工作经验可能并不完全能够通过直接联系就业单位解决，反而需要帮助小王提升自己的能力，以便更有竞争力。因此，这一措施缺乏对小王自身能力的提升和心理支持，也没有解决小王在找工作过程中遇到的根本问题。故选 ABC。

单元 4　闯关题

一、单项选择题

1. 服务对象小刘大学毕业后，为了找到一份让自己满意的工作，不断参加求职面试，但一直没有成功，为此她感到心灰意冷，开始自暴自弃，此时社会工作者最适宜采取的干预措施是（　　）。

A. 建议政府完善大学生就业服务体系　　B. 帮助小刘宣泄负面情绪建立自信心

C. 协助小刘准确定位自己的发展目标　　D. 推动各类企业多渠道发布招聘信息

2. 某老旧小区停车难问题一直困扰着小区居民。于是，社区居民不得已开始自发在车上留下联络电话，并逐渐养成了按标准车距规范停车等行为。这体现了社区对居民行为的影响是（　　）。

A. 社区居民之间的停车行为具有共同特征

B. 社区自身存在错综复杂的社会交往关系

C. 社区自身的社会规范约束居民的停车行为

D. 社区居民对社区的认同感影响了停车行为

3. 42 岁的秦女士是某医院医务部的工作人员，长期负责接听医院大大小小的投诉电话和部分现场纠纷处理，压力极大。工作 10 年来，亲友常劝她换份工作。秦女士却说："这份工作虽然辛苦，但能够帮助到人，感到很有成就。换工作不是不行，但我多年积累的工作经验岂不是白白浪费了。再说现在社会竞争那么大，学习新东西也不容易。"根据中年阶段的主要特征，秦女士心理发展中表现出的特征是（　　）。

A. 流动智力缓慢下降　　　　　　　　　B. 道德感不断增长

C. 实用智力不断增长　　　　　　　　　D. 理智感缓慢下降

4. 中共中央办公厅、国务院办公厅印发的《关于加强城乡社区协商的意见》中强调，提升城乡居民参与协商的能力。倡导协商精神、培育协商文化，引导群众依法表达意见，积极参与协商。从人类需要的类型出发，参与城乡社区规划的协商过程所满足的居民需要是（　　）。

A. 生理性需要　　　B. 物质性需要　　　C. 生存性需要　　　D. 发展性需要

5. 下列图示中，家庭成员共同居住。从家庭内部结构的角度看，此家庭的类型应是 (　　)。

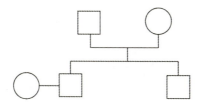

A. 核心家庭　　　　B. 单亲家庭　　　　C. 联合家庭　　　　D. 主干家庭

6. 下列关于人类需要的说法，正确的是 (　　)。

A. 莱恩·多亚尔和伊恩·高夫认为成长和自主是人的基本需要

B. 阿尔德弗尔 ERG 理论的主要特点是强调需要层次的顺序

C. 马斯洛认为人的高级需要出现后，其低级需要就消失了

D. 需要是人的基本特性，是人类活动和行为积极性的源泉

7. 儿童在成长的每一个阶段都会对世界及各种事物间的关系有新认识。根据皮亚杰的认知发展理论，当新事物和刺激出现时，儿童认识世界首先运用的是 (　　)。

A. 图式原则　　　　B. 同化原则　　　　C. 顺应原则　　　　D. 强化原则

8. 在一次车祸中，小张的头部遭受重创，医生告诉他有可能留下后遗症，比如间歇性地出现幻觉。小张病愈上班后，受后遗症困扰，有时会无故责骂同事。根据正常行为和偏差行为的划分标准，判断小张行为类型的标准是 (　　)。

A. 统计学标准　　　　　　　　　B. 个体主观经验

C. 行为适应性标准　　　　　　　D. 社会规范与价值标准

9.8 岁的小天把捡到的钱包交给了警察，询问原因时，小天说担心不交会被批评。小天的回答体现出科尔伯格的道德发展阶段论中 (　　) 阶段的特征。

A. 惩罚与服从定向　　　　　　　B. 相对功利取向

C. 遵守法规和秩序定向　　　　　D. 社会契约定向

10. 当前越来越多的父母采用民主型教养模式养育孩子，鼓励孩子自信自律，培养孩子养成自主学习的习惯。下列做法中，属于民主型教养模式的是 (　　)。

A. 父母给孩子报了各种各样的兴趣班　　B. 父母与孩子协商暑期学习安排

C. 孩子需要什么父母就都给予满足　　　D. 父母严格禁止孩子玩手机游戏

二、多项选择题

11. 某社会服务机构在一个新建居民小区开展服务。社会工作者小李面对社区居民不太了解社会工作服务的情况，计划通过大众传媒宣传，促进居民对社会工作的认识。此时，小李的适当做法有 (　　)。

A. 拜访社区居委会主任和各楼楼长　　　B. 到居民家中走访宣传项目

C. 为居民开办社会工作知识普及班　　　D. 通过短信平台宣传项目

E. 利用社区公益广告牌进行宣传

12. 王先生已过不惑之年，且有父母生病需要照顾，孩子上学需要接送，单位为了迎接上级检查，他每天都加班加点工作到深夜，经常感到情绪紧张，压力很大，导致血压升

高。针对上述情况，社会工作者帮助王先生的适宜做法有（   ）。

A. 帮助王先生舒缓情绪 　　　　B. 为王先生父母提供喘息服务

C. 建议王先生及时就医 　　　　D. 协助王先生做好时间管理

E. 建议王先生辞职回家休息

13. 73 岁的李大爷最近中风，经过治疗，身体好转，但仍然不能自理，虽然家人对李大爷的照顾无微不至，但他仍接受不了自己的身体状况，长时间情绪低落，再加上配偶去世，内心感到孤单与空虚，对未来丧失信心，经常念叨"我这样活着就是等死罢了"。李大爷面对的问题有（   ）。

A. 失智 　　　　B. 精神健康问题 　　　　C. 失能

D. 死亡问题 　　　　E. 被忽视

14. 孙某刑满释放后被父母拒之门外，邻居也躲着他。社会工作者小黄说服孙某的父母重新接纳儿子回家，并邀请孙某参加社区青年社交小组。在社区宣传活动中小黄还特别向居民讲述关于刑满释放人员改过自新的案例。在小黄的帮助下，很多邻居开始逐渐接纳了孙某，孙某也逐渐树立起生活信心。在上述工作中，小黄的工作改变了孙某与（   ）之间的互动。

A. 文化 　　　B. 朋辈群体 　　　C. 家庭 　　　D. 工作单位 　　　E. 社区

15. 以下对马斯洛的需要层次理论表述正确的是（   ）。

A. 只有基本满足了低级需要后才会产生高级需要

B. 最占优势的需要将支配一个人的意识和行为

C. 高级需要出现之后，低级需要仍然存在，但对行为的影响减弱了

D. 低级需要是人与动物共有的，而高级需要则是人类所特有的

E. 马斯洛并不强调需要层次的顺序

参考答案

一、单项选择题

1. B 　　　　考点：青年阶段面临的主要问题（社会工作者针对青年就业问题的干预）

2. C 　　　　考点：社区对人类行为的影响

3. A 　　　　考点：中年阶段的主要特征

4. D 　　　　考点：人类需要的类型

5. D 　　　　考点：家庭的类型

6. D 　　　　考点：人类需要的层次和类型

7. B 　　　　考点：皮亚杰的认知发展理论

8. C 　　　　考点：划分正常行为和偏差行为的常用标准

9. A 　　　　考点：科尔伯格的道德发展阶段论

10. B 　　　　考点：家庭教养模式

二、多项选择题

11. DE   考点：大众传媒的含义及其类型
12. ACD   考点：中年阶段面临的早衰综合征
13. BC   考点：老年阶段面临的主要问题
14. BCE   考点：社会环境对人类行为的影响
15. ABCD   考点：马斯洛的需要层次论

第四章

社会工作理论

4

　　本章主要讲述社会工作理论。考试大纲包括精神分析理论、认知行为理论、系统理论和生态系统理论、人本主义和存在主义理论、增强权能理论。考生需要掌握每一个理论的主要观点，并以理论的基本观点辨别不同理论之间的差别。同时，考生要关注每一个理论在实务中的应用，以及不同理论的实务过程中社会工作者与服务对象的关系和实务技巧等。

单元1　基础题

一、单项选择题

1. 赵先生从小被父亲严厉管教，父子关系疏离。最近父亲突发脑卒中，需要他照顾。赵先生想到要和父亲相处，就感到异常紧张，担心自己照顾不周被父亲责骂，向社会工作者老金求助。根据精神分析理论，老金在与赵先生建立良好关系时需特别注意（　　）。

　A. 让赵先生感受到支持与安全　　　　B. 与赵先生形成指导性的关系

　C. 激发赵先生个人的内在价值　　　　D. 与赵先生建立平等伙伴关系

2. 社会工作者在与服务对象的第二次会谈中，有如下对话。

服务对象："我在舞蹈班学习现代舞，前两次勉强能跟上老师，但下课后就忘记了。到了第三次或第四次课，老师教的舞蹈动作越来越多，我完全跟不上，所以就退课了。之前的电脑课也是这样。"

社会工作者："当你跟不上舞蹈班和电脑班的进度时，你有什么感受呢？"

服务对象："有点儿挫败感，觉得自己好失败。"

社会工作者："当你跟不上进度，感受挫折和失败时，你当时有什么想法呢？"

服务对象："认为自己好笨，什么都学不会。"

根据认知行为理论，这段对话所处的助人步骤是（　　）。

　A. 确定服务对象不正确的思维及其导致的情绪

　B. 要求服务对象自我觉察可能错误的思维方式

　C. 探索服务对象错误思维与潜在信念间的关系

　D. 检验服务对象重新建立的自我假定的有效性

3. 小赵对猫有着强烈的抗拒心理，见到猫时会表现出恐惧，甚至浑身颤抖。最近，还为此事影响了与家人朋友的关系，家人带着他向社会工作者小俞求助。社会工作者小俞了解小赵的情况后为其提供服务。下列小俞的做法中，符合精神分析理论的是（　　）。

　A. 询问小赵惧怕猫的原因，并极力改变她的错误认知

　B. 帮助小赵尝试触摸猫，通过多次接触进行脱敏治疗

　C. 询问小赵曾经的早年经历，了解小赵排斥猫的原因

　D. 联系小赵的社会支持网络，帮助其缓解内心恐惧感

4. 弗洛伊德的精神分析理论对社会工作的发展有重要影响。根据弗洛伊德的精神分析理论，防卫机制的功能是（　　）。

　A. 察觉潜意识经验　　　　　　　　　B. 满足本我欲求

　C. 决定个人的行为　　　　　　　　　D. 缓解内在冲突

5. 大学一年级学生小林第一学期成绩中等，他觉得没有达到自己刚上大学时设立的"保持成绩优秀"的目标，因此很失望，同时担心自己缺乏大学学业所要求的自主学习能力。第二学期小林发现自己上课时经常走神，不能完全跟上课程进度，他越来越担心自己"这样下去要挂科了"，更加觉得自己"真的不会主动学习"。社会工作者在得知小林的状态后，根据认知行为理论为小林提供帮助，适宜的做法是（　　）。

　A. 帮助小林看到学业挫折带给他的独特感悟和磨炼

B. 建议小林呼吁学校修改必修课程的成绩评定方法

C. 询问小林在什么情况下会产生怀疑自己能力的想法

D. 请小林回顾从小按照家长和老师的安排被动学习的经历

6. 一位中年妇女的独生女儿于某年 10 月死于车祸，她非常痛苦。一段时间以后，她把这件事情"遗忘"了，但这段记忆在不知不觉地影响着她的情绪。她每年 10 月均会出现抑郁情绪，自己不知道为什么，药物治疗也无效。请问以上事例体现了（　　）防卫机制。

A. 否认　　　　　B. 反作用　　　　　C. 压抑　　　　　D. 合理化

7. 残障人士的生存和发展与其所处环境有密切关系。根据系统理论对环境的划分，残障人士所面对的宏观环境是指（　　）。

A. 传统观念中对残障人士的看法　　　B. 服务残障人士的社会工作服务机构

C. 家庭住房内部无障碍设施状况　　　D. 在社交网络结识的其他残障人士

8. 认知行为理论是社会工作常用的重要理论，它来自巴甫洛夫的经典条件反射学说和阿德勒的认识理论。根据认知行为理论，社会工作者在助人过程中应该着眼于帮助服务对象改变（　　）。

A. 自己的看法　　　　　　　　B. 情绪宣泄的方法

C. 在他人眼中的形象　　　　　D. 生活环境

9. 初中学生小玲最近学习成绩下降，上课也不如以前认真，并且时常为一些小事与同学发生冲突。班主任老师向学校社会工作者反映了小玲的情况，请社会工作者帮助小玲。社会工作者在与小玲交谈中得知，前不久小玲的爸爸出了车祸，奶奶为此也一病不起，家里所有的事情都要由本已下岗在家的妈妈一个人承担。近一段时间妈妈每天都要费尽心力地与事故责任方交涉，而对方却极力逃避责任。妈妈脾气也变得暴躁起来。根据小玲家里的这种情况，社会工作者决定依据（　　）理论，分别帮助小玲的家庭解决车祸问题、妈妈的再就业问题，最后请老师和同学一起帮助小玲解决她的学习以及和同学关系问题。

A. 生态系统　　　B. 认知行为　　　C. 精神分析　　　D. 增强权能

10. 小周的继父每次酒后都会殴打小周，小周本来就性格内向，因长期被继父殴打，更加不敢与他人交往，缺乏安全感，以致难以走入社会独立生活。社会工作者试图将小周的这种痛苦的生活经历转化为对其生活有意义的经验，社会工作者这样做的依据是（　　）。

A. 精神分析理论　　　　　　B. 存在主义理论

C. 社会支持理论　　　　　　D. 认知行为理论

二、多项选择题

11. 日常生活中，不少老年人因为不使用或不能熟练使用智能手机，生活非常不方便。某社会工作服务机构的社会工作者注意到这一情况，决定运用增能理论为这部分老年人提供服务，其可以做的有（　　）。

A. 由社会工作者教授老年人使用智能手机的方法

B. 让老年人互帮互学，掌握智能手机的相关功能

C. 呼吁手机厂商开发生产更适合老年人使用的智能手机

D. 建议相关部门提供手机以外的个人健康信息查询方式

E. 建议老年人尽量不出行

12. 服务对象陈先生因工受伤致肢体残疾，失去工作。社会工作者上门走访时了解到，陈先生的大儿子 16 岁，辍学后靠打零工生活；小儿子 6 岁，还未上学；妻子外出不归，两个孩子无人照顾，衣着脏乱，家中无人收拾，杂物堆积。陈先生残疾后深感自卑，不愿与亲友邻居来往，也不想接受政府救助。下列社会工作者对陈先生问题的分析，符合系统理论的有（　　）。

A. 陈先生因身体残疾减少了与亲友和邻居的交往，与非正式系统的关系疏离

B. 陈先生很少与政府和社会服务机构接触，未能从正式系统获得有效的支持

C. 陈先生妻子离家、大儿子辍学、小儿子无人照顾，家庭呈整体性结构失能

D. 陈先生的自我评价低，认知系统失调，是他不愿意与外界接触的根本原因

E. 陈先生对外部支持系统认识不足，导致长期的无力感，形成消极应对模式

13. 在认知行为学派下，社会工作者作为教育者和陪伴者，须完成的任务包括（　　）。

A. 分析服务对象所处的生态系统　　　　B. 运用动态思考和存在的深思

C. 帮助服务对象实现经验学习　　　　　D. 澄清内在沟通

E. 尝试使用逆向操作

14. 小霞从小生活在困难的家庭中，现已步入大学的她，发现身边很多同学生活条件都很优越，大学中朋友、同学的聚会，衣食住行等各项花销给她带来很大的压力，使她很自卑。社会工作者运用增强权能理论协助像小霞这类大学生解决问题时，其助人过程可包括（　　）。

A. 改变小霞的错误认知

B. 社会工作者与小霞建构起协同的伙伴关系

C. 重视小霞的能力而非缺陷

D. 重视小霞的早期童年经历

E. 注重人与环境这两个工作焦点

15. 从社区发展的角度，以下选项中属于发展性社会工作发展路径的是（　　）。

A. 在地性发展　　　　B. 社会策划　　　　C. 社会行动

D. 经济发展　　　　　E. 国际化发展

参考答案

一、单项选择题

1. A	考点：精神分析理论
2. A	考点：认知行为理论
3. C	考点：精神分析理论
4. D	考点：精神分析理论：防卫机制
5. C	考点：认知行为理论
6. C	考点：精神分析理论：防卫机制
7. A	考点：系统理论

8. A　　　考点：认知行为理论
9. A　　　考点：生态系统理论
10. B　　　考点：存在主义理论

二、多项选择题

11. ABCD　考点：增强权能理论
12. ABCE　考点：系统理论
13. BCDE　考点：认知行为理论
14. BCE　　考点：增强权能理论
15. ABC　　考点：发展性社会工作

单元 2　提高题

一、单项选择题

1. 弗洛伊德认为人格是一个整体，包括本我、自我和超我3个部分，在不同的时间内三者彼此交互影响，对个体产生不同的作用。关于"本我""自我""超我"的说法，正确的是（　　）。

A. 自我是"管理者"，遵循现实原则，调节本我的欲望以及超我与外界的要求

B. 本我依照享乐主义原则，处于不明确状态，随时间和经验而发生变化

C. 自我包含意识和前意识，它是在社会环境中由个人通过学习而获得的

D. 超我包含意识和前意识，也包含部分潜意识，对人的行为几乎无影响

2. 下列关于弗洛伊德精神分析理论的说法，正确的是（　　）。

A. 前意识是精神分析理论的核心要素

B. 性心理发展是个人心理发展的基础

C. 超我是本我由经验中发展出来的

D. 防卫机制是正向的自我调适方法

3. 小玲是一名刚毕业的大学生，大学期间，她的学费和生活费靠贷款或做兼职挣得。小玲母亲身体不好，只能打零工赚钱，父亲为躲避债务在另一个城市打工。家里的房屋因债务被抵押，小玲与母亲只能借住在亲戚家。考虑到家里的情况，小玲放弃了考研的想法，但内心比较纠结，经常失眠，便向社会工作者求助。为此，社会工作者运用心理社会治疗模式帮助小玲，可采用的直接治疗技巧是（　　）。

A. 查阅当地社会救助政策，帮助小玲家庭申请临时救助金

B. 协调物资，在节假日主动慰问小玲一家，减少经济开支

C. 与小玲父母沟通使其了解小玲的处境，重建社会支持网络

D. 为小玲提供情绪疏导，引导其表达出对自己生活的感受

4. 人在情境中是心理社会治疗模式理论的核心概念。心理社会治疗模式将影响人的因素划分为个人、环境以及（　　）。

A. 个人与环境的相互影响　　　　　　B. 个人的生理因素

C. 个人的家庭因素　　　　　　　　　　D. 个人的遗传因素

5. 社会工作者大李认为，某村妇女处于特殊地位，不仅是因为她们自身条件的限制，更是由于她们生活在不利的社会、经济和文化环境中。为此，大李决定成立一个妇女互助小组，协助她们更好地认识自身的价值。大李开展工作的理论依据是（　　　）。

A. 认知行为理论　　　　　　　　　　　B. 存在主义理论

C. 人本主义理论　　　　　　　　　　　D. 增强权能理论

6. 大彬找工作时总是在面试环节被淘汰，以至于他对面试产生了心理阴影，一进入面试场地就身体僵硬，手足无措。为此，大彬向社会工作者大洪求助。为了帮助大彬缓解在真实面试场景中产生的紧张焦虑情绪，大洪运用认知行为理论中的逆向操作方法介入，其适宜的做法是（　　　）。

A. 在实施逆向操作前征得大彬同意

B. 给大彬布置逆向操作的家庭作业

C. 逆向操作时让大彬独自体验面试情境

D. 让大彬在逆向操作中形成正向的经验

7. 学校社会工作者郝老师对本校学生的心理健康状况进行调查，发现存在心理困扰的学生大多缺失家庭监护，学习也有困难，甚至出现沉迷网络游戏、逃学等行为。郝老师运用生态系统理论为这些学生设计服务方案。下列服务中，最能体现生态系统理论特点的是（　　　）。

A. 对心理问题较为严重的学生进行个案辅导

B. 为存在学习困难的学生链接志愿服务资源

C. 为出现网瘾问题的学生开设行为治疗小组

D. 对出现逃学行为的学生及时进行批评教育

8. 社会工作者小刘在社区摸排困境儿童家庭情况时，了解到 35 岁的汪先生失去了工作，妻子离家出走。他独自抚养两个孩子，家庭生活困难，两个孩子经常饥一顿饱一顿。小刘通过走访学校老师，进一步了解到孩子们学习成绩一般，与同学关系疏远。为此，小刘决定根据生态系统理论为汪先生整合外部资源，最适宜的做法是（　　　）。

A. 着眼于汪先生个人，开展家庭亲职教育，建立健康的养育观念

B. 引导两个孩子养成良好的生活和学习习惯，提高文化课的成绩

C. 帮助汪先生了解就业救助政策，提供街道免费再就业培训信息

D. 协助两个孩子学习并提升其社会交往技能，与同学建立良好关系

9. 刘女士曾遭受丈夫的家庭暴力，现已离婚，独自带着 15 岁的女儿生活。刘女士自身文化程度较低，无法辅导女儿的功课，与女儿沟通较困难。最近加上失业，刘女士觉得自己很失败，对生活失去信心，向社会工作者求助。根据存在主义理论，社会工作者适宜开展的服务是（　　　）。

A. 帮助刘女士了解就业支持政策，寻找合适工作岗位

B. 教授刘女士与女儿沟通的技巧，改善母女之间关系

C. 链接大学生志愿者，为刘女士的女儿提供学业辅导

D. 引导刘女士对自己过往生活中的成功经验予以肯定

10. 小凡出生于农村家庭，父母文化水平不高，他凭借自己的刻苦努力考入某知名大学。入学后，小凡发现周围很多同学见多识广，多才多艺，而自己似乎只会考试做题，小

凡感到很自卑，对未来也很迷茫。班主任老师将小凡介绍给学校社会工作者老董，以帮助小凡打开心结。根据存在主义理论，老董引导小凡的正确做法是（　　）。

    A. 挖掘童年经验中被压抑的潜意识

    B. 认识到原生家庭对自己的负面影响

    C. 修正自己一无是处的非理性认知

    D. 发现自己成长经历中所蕴含的意义

二、多项选择题

11. 赵某幼年时曾遭受继父的性侵犯，但是她始终不愿承认曾经发生过那样的事，在生活中她从不敢与男性交往，至今还未结婚成家。她还经常做同一个梦，在梦中她总是找不到家，急得哭醒。随着年龄的增长，妈妈催她找男朋友，她一直拒绝。社会工作者依据精神分析理论分析赵某的情况后，可以采取（　　）方法对她进行治疗。

    A. 自由联想　　　　　　B. 诠释　　　　　　　C. 改变错误认知

    D. 脱敏治疗　　　　　　E. 重新理解过去经验

12. 以下选项中属于心理社会治疗模式中具体现实的是（　　）。

    A. 面包　　　　　B. 就业　　　　　C. 服装　　　　　D. 制度　　　　　E. 环境

13. 在一次面谈中，服务对象向社会工作者老宋抱怨，他妻子最近工作太忙，经常晚归，孩子也没有时间管，家务也没时间干。他感觉妻子越来越不爱这个家，吵了几次也没用，现在就想马上离婚。根据认知行为理论，老宋适宜的做法包括（　　）。

    A. 鼓励服务对象探索自己具备的人格特点和优缺点

    B. 鼓励服务对象改变夫妻交流的方式并观察妻子的变化

    C. 要求服务对象记录下每次与妻子吵架时自己的想法

    D. 协助服务对象觉察"妻子不爱这个家"这一想法的非理性部分

    E. 帮助服务对象反省儿时亲子互动经验对现在夫妻沟通方式的影响

14. 王某失业后一直找不到工作，最近又大病一场。王某的妻子在此期间承受不住巨大压力，与王某大吵一架，夫妻关系降到冰点。最近，王某身体虽已复原，但医药费难以承受。运用生态系统理论，社会工作者应该（　　）。

    A. 协助王某认识到把自己的困境归于"命不好"是不理性的想法

    B. 协助王某改善与妻子的关系，寻求妻子的理解与支持

    C. 协助王某联系民政部门，获得救助帮扶服务

    D. 协助王某联系劳动部门，获得职业介绍服务

    E. 协助王某认识到每个人都要承受痛苦，痛苦的经历也是有意义的

15. 在存在主义理论看来，实践中社会工作者要关注服务对象的主观经验。存在主义在社会工作实务中的理念有（　　）。

    A. 觉醒　　　　　　B. 人在情境中　　　　　　C. 痛苦是生命的一部分

    D. 选择的自由　　　　　E. 对话的必要性

参考答案 ·····································

一、单项选择题

1. A	考点：精神分析理论之人格理论	
2. B	考点：精神分析理论	
3. D	考点：心理社会治疗模式	
4. A	考点：心理社会治疗模式	
5. D	考点：增强权能理论	
6. A	考点：认知行为理论	
7. B	考点：生态系统理论	
8. C	考点：生态系统理论之人与环境的关系	
9. D	考点：存在主义理论	
10. D	考点：存在主义理论	

二、多项选择题

11. AB	考点：精神分析理论	
12. ABC	考点：心理社会治疗模式	
13. BCD	考点：认知行为理论	
14. BCD	考点：生态系统理论之人际关联及人与环境的关系	
15. ACDE	考点：存在主义理论	

单元 3　易错题

一、单项选择题

1. 社会工作专业助人实践活动需要社会工作专业理论提供指导，社会工作实践中的非指令、非评判原则主要来源于（　　）。

A. 增强权能理论　　　B. 生态系统理论　　　C. 行为认知理论　　　D. 人本主义理论

二、多项选择题

2. 社会工作者小袁负责某精准救助项目的实施工作，在与同事分析低保家庭情况时，发现一些服务对象除了有经济困难，还存在强烈的无力感，根据增强权能理论，小袁适宜提供的服务有（　　）。

A. 鼓励服务对象老沈参加社区公益活动，协助他融入社区生活

B. 给服务对象小杜介绍对象，希望他早日成家摆脱单身生活

C. 与服务对象小军进行面谈，对他的个人不足进行分析与评估

D. 链接社区外资源，为服务对象小芳提供参加技能培训的机会
E. 让居民骨干陪伴服务对象老刘旁听社区公共事务议事协商会

参考答案

一、单项选择题

1. D   考点：人本主义理论

解析：人本主义理论强调每一个人都是有价值的、有潜力的、独立的。社会工作实践中，如果一个服务对象总是在他人指令下行动，总是受到他人批判，其独立性和价值就难以实现，其潜力也就难以得到发挥。

二、多项选择题

2. ADE   考点：增强权能理论

解析：增强权能理论强调改变服务对象的 3 个层面，即个人层面、人际层面、环境层面。本题选项 A、D、E 都是在人际层面为服务对象提供积极经验。因此，符合增强权能理论。

单元 4 闯关题

一、单项选择题

1. 早期父母离婚的经历，使小冯对婚姻生活一直很抗拒。虽然小冯与女朋友相恋多年，也很希望给她幸福，但一直不想结婚。最近，女朋友决定与小冯分手，他很苦恼，向社会工作者小李求助。小李依据弗洛伊德精神分析理论为小冯提供服务，其最适宜的做法是（　　）。

A. 采用坦露自我的技巧，结合自己的婚后生活纠正小冯的错误观念
B. 采用同理面质的技巧，促使小冯认识到与其女友结婚就能共同幸福
C. 采用角色扮演的技巧，引导小冯体会其情绪和行为背后的非理性信念
D. 采用自由联想的技巧，帮助小冯发现潜意识中抗拒结婚的深层次原因

2. 治疗师让病人在一个比较安静与光线适当的房间内，躺在沙发床上随意把想到的任何事物说出来。治疗师坐在病人身后，让他打消一切顾虑，想到什么就讲什么。治疗师保证对谈话内容保密，鼓励病人按原始的想法讲出来，不要怕难为情或怕人们感到荒谬奇怪而有意加以修改。治疗师不打断病人的话，只是在病人停顿时适当地引导。治疗师希望从病人所回忆的童年期遭遇到的一切经历或精神创伤与挫折中发现那些与病情有关的心理因素。依据弗洛伊德精神分析理论的观点，以上医生运用的治疗方法是（　　）。

A. 同理性倾听   B. 面质   C. 澄清   D. 自由联想

3. 小萍是一名新入学的大学生，平时独来独往，让她的同学都无法走近她。社会工作者通过与小萍的接触了解到，小萍认为自己从小就不招人喜欢，现在身边的同学也都不愿意和她交往。社会工作者决定先让小萍慢慢改变自己招人讨厌的观点，同时认识到身边同学是希望和她做朋友的。社会工作者的介入策略主要依据了（   ）。

A. 精神分析理论
B. 认知行为理论
C. 生态系统理论
D. 存在主义理论

4. 钱女士把刚退休的母亲从千里之外的老家接到自己生活的城市，请她帮忙照顾自己6个月大的女儿。钱女士最近发现，母亲做什么事情都小心翼翼，经常闷闷不乐，这与钱女士心目中母亲以往的状态差别较大。钱女士很担心母亲的状况，于是向社会工作者老孟求助。老孟运用生态系统理论，和钱女士一起分析母亲的情况。下列说法中，符合生态系统理论的是（   ）。

A. 母亲表现出老年人的心理退行现象
B. 母亲对钱女士存在不切实际的期望
C. 母亲初到新的环境感到明显不适应
D. 母亲退休后需要寻找新的生活意义

5. 上五年级的小杨自父母离婚之后，脾气日渐暴躁，在学校期间，时常和同学发生口角，老师也无能为力。渐渐地，小杨的生活中充满了同学的排斥、老师的不满、爸爸的责骂等。社会工作者用系统理论对小杨的问题进行分析，得出小杨的问题是由（   ）。

A. 早期生活经历引起的
B. 其身心问题与环境问题共同造成的
C. 认知上出现了问题造成的
D. 行为出现偏差引起的

6. 初入大学的晓玉觉得宿舍同学见多识广、性格开朗，想和她们一起讨论分享，因此，晓玉主动与周围人讨论热点话题，却又觉得自己还是插不上话。为此，晓玉向社会工作者小方求助，迫切希望从小方这里找到能帮助自己处理宿舍同学关系的方法。根据人本主义理论，小方适宜的做法是（   ）。

A. 指导晓玉学习人际交往技巧以改善与同学们的人际关系
B. 指出晓玉将别人的长处与自己的短处相比是非理性思维
C. 引导晓玉在认识并接受真实自我的基础上发展应对方法
D. 鼓励晓玉认识到只要坚持努力就能做到和别人一样优秀

7. 某中学的驻校社会工作者小赵给高一新生开设成长小组，帮助他们了解、认识和探索自我，尽快适应高中学习生活，并激发自己的潜能，为实现梦想而努力。依据人本主义理论，下列小赵的做法中，符合该理论基本价值的是（   ）。

A. 在小组活动中，强调学生之间的同质性
B. 在小组过程中，鼓励每个学生表达意见
C. 在小组过程中，强化每个学生对自己的责任
D. 在小组讨论时，保证社会工作者是最后的决定者

8. 社会工作者小张最近接到了一个有关家庭暴力的案例。案主小刘是一个全职太太，长期遭受丈夫的虐待，丈夫只要工作不顺利或遇到什么烦心事回家都会拿她出气。但是小刘如果离开丈夫就没有经济来源，只能逆来顺受，久而久之就失去了反抗的力量。小张一方面采取措施控制她丈夫的暴力行为；另一方面帮助服务对象发现自己在过去生活中表现出来的长处，让她认识到自己是有能力的，消除她的无力感，以帮助她逐渐走出家庭暴力的阴影。请问以上小张的做法反映了哪种社会工作理论？（   ）

A. 人本主义
B. 存在主义

C. 认知行为主义　　　　　　　　　D. 增强权能

9. 小美上小学三年级的时候，父亲因犯罪入狱，母亲也在她很小的时候就离家出走。她从小就由爷爷奶奶照顾，一年前爷爷去世，奶奶脚有残疾。这个小女孩身体状况很差，经常生病，学习困难，性格内向，经常会遭到同学欺负。她从不把这些情况告诉老师，怕给老师惹麻烦。社会工作者运用社会支持网络协助小美解决问题，重点应帮助小美（　　）。

A. 学习如何建立和利用社会支持网络　　B. 顺利完成学业

C. 改变不给老师惹麻烦的认知，求助老师　D. 帮助小美家庭改善经济情况

10. 黄某初中毕业，曾经下海经商赚了些钱，但因吸食毒品而导致家里经济一贫如洗，后进入戒毒所戒毒半年。回归社区后，他想通过自己的努力找一份合适的工作，改善生活状况，黄某向社会工作者求助。该社会工作者运用优势视角的理论为其提供服务，下列体现该理论的做法是（　　）。

A. 协助黄某纠正不良行为

B. 社会工作者强调黄某是有能力和优势的

C. 和黄某一起回忆过去的经历对现在的影响

D. 强调黄某具有自由选择的权利

二、多项选择题

11. 学校社会工作者老李发现小伟经常与同学打架，总是受到老师批评，父母也认为小伟脾气不好，难以管束。进一步观察后，老李注意到小伟不善言辞，尤其是在和同学闹矛盾时常常脸憋得通红，说不出一个字来，最后往往是小伟先动手打人。依据认知行为理论，老李应当协助小伟（　　）。

A. 认识到打人是坏孩子才有的行为　　B. 认识到坏脾气是可以自我控制的

C. 学习与他人有效语言沟通的技巧　　D. 认识到自己的优点，并自我激励

E. 发掘造成暴力行为的潜意识因素

12. 老王是某社区一位空巢老人，近期邻居发现老王日渐消瘦，并在和他人聊天时常常哭泣，情绪也明显低落。社会工作者运用系统理论为老王开展服务，应做到（　　）。

A. 将老王放到其所在的系统之中去分析问题

B. 为老王提供帮助必须是针对整个系统而非局部

C. 老王出现问题的重要节点是他与环境系统的互动不良

D. 不断对老王的需求进行再评估

E. 改变老王的认知和行为

13. 在"家暴妇女小组"第一次活动中，小组成员彼此不了解，互不关心，组员不愿意表达自我，社会工作者运用人本主义社会工作实务的基本价值带领活动。活动中，社会工作者应做到（　　）。

A. 强调每个组员都要协同社会工作者一起对每一个成员表现出关注

B. 强化每一个人对他人的责任感

C. 创造鼓励表达的气氛，让组员积极表达自我

D. 强调组员具有参与和被聆听的权利

E. 修正每位组员的认知与行为

14. 石某长期受到丈夫的虐待。在与石某的交流中，社会工作者了解到石某与丈夫结婚时双方感情融洽，互敬互爱。婚后丈夫想要一个男孩，石某生下的却是女孩，从此丈夫开始对石某不断打骂、虐待。石某也认为生不出男孩是自己无能，对丈夫逆来顺受。如果采用增强权能理论介入，社会工作者应该（　　）。

A. 帮助石某认识到生不出男孩不是自己的错　　B. 帮助石某认识自己的权利

C. 对石某进行家庭治疗　　D. 在社区中宣传男女平等

E. 帮助石某加入女性维权互助小组

15. 抗逆力是优势视角理论的主要概念之一，下列描述中，说法正确的有（　　）。

A. 关于抗逆力的研究直接影响了优势视角理论的发展

B. 抗逆力是对困难和伤痛的忽视

C. 抗逆力是一种面对磨难的抗争能力

D. 抗逆力是对生活中痛苦的忽略

E. 抗逆力是一种行为品质

参考答案

一、单项选择题

1. D 考点：精神分析理论
2. D 考点：精神分析理论
3. B 考点：认知行为理论
4. C 考点：生态系统理论之生态地位
5. B 考点：生态系统理论之人与环境的关系
6. D 考点：人本主义理论
7. B 考点：人本主义理论
8. D 考点：增强权能理论
9. A 考点：社会支持理论
10. B 考点：优势视角理论

二、多项选择题

11. ABC 考点：认知行为理论
12. ABCD 考点：生态系统理论之人与环境的关系
13. ABCD 考点：人本主义理论
14. ABCE 考点：增强权能理论
15. ACE 考点：优势视角理论

第五章

个案工作方法

5

【本章复习提示】

本章主要聚焦于个案工作的专业知识、方法和技巧，重要考点包括：个案工作的理论模式、个案工作各阶段的工作重点、个案工作中常用的技巧、个案管理方法。

考生在复习时，应注重以下几点：1.深入理解与记忆个案工作的主要模式，掌握每种模式的基本假设、治疗技巧和特点。2.清晰记忆个案工作5个阶段的工作重点和步骤，个案管理方法的特点、实施原则和工作过程。3.熟练掌握个案工作的专业技巧（重点是支持性、引导性、影响性技巧的具体内容），着重应对考题侧重在案例情境中的应用性考查。4.建议考生在复习时，多结合本章习题中的案例情境来加深理解。此外，考生还应关注教材中的重要概念和相应的举例说明，理解并能运用这些概念和举例来解决实际个案工作情境中的问题。通过这些方法可以有效提高应试水平。

单元1 基础题

一、单项选择题

1. 王奶奶平时与邻里很少来往，独自照顾生活不能自理的老伴，经济负担较重。居委会工作人员协助两人申请办理了社会救助，并将其转介给社会工作者，通过一段时间的服务，王奶奶有了较大变化，有困难时会主动向居委会求助，有事外出时会请邻居帮忙照看老伴。上述社会工作服务及其成效，体现出的个案工作本质是（   ）。

A. 服务对象能够发掘和运用周围资源　　B. 服务对象能够充分发挥自己的潜能
C. 服务对象具有预防问题发生的能力　　D. 服务对象能够与周围环境相互促进

2. 服务对象老赵是一名慢性肺炎重症患者，需要长期治疗，靠吸氧维持生命。由于病情一直没有好转，老赵的心情十分低落，对生活感到无望，医务社会工作者对老赵开展个案服务，收集相关资料，并进行问题预估。从纵向角度进行预估分析的内容是（   ）。

A. 老赵的家庭状况　　　　　　　　B. 老赵的真实想法
C. 老赵的患病历程　　　　　　　　D. 老赵的社交状况

3. 服务对象妮妮小时候因父母忙于工作，多由爷爷奶奶照顾，与父母不那么亲近，上初中后，妮妮学习成绩下滑严重，经常被父母指责，因此妮妮不想回家，总是躲到爷爷奶奶家上网，根据结构式家庭治理模式，妮妮的家庭结构属于（   ）。

A. 三角缠　　　　B. 纠缠　　　　C. 疏离　　　　D. 倒三角

4. 小白因诈骗罪被判 2 年有期徒刑，缓刑 3 年，司法社会工作者小陈为其提供服务。评估后，小陈决定采用心理社会治疗模式对小白进行个案辅导。下列做法中，属于该模式中反思性直接治疗技巧的是（   ）。

A. 引导小白进行探索-描述-反思　　B. 引导小白对现实情况进行反思
C. 找出小白行为背后的非理性信念　　D. 提高小白理性认知的能力

5. 服务对象杨女士很担心自己被解聘。社会工作者让杨女士设想自己被解聘后还能从事什么工作，被解聘后的最坏结果如何。社会工作者在这个过程中运用了理性情绪治疗模式（   ）的技巧。

A. 理性功课　　　B. 自我表露　　　C. 去灾难化　　　D. 替代性选择

6. 社会工作者在某个案服务对象的观察记录表上写道："李某情绪容易低落，想要改变的想法和意愿不太强烈，感觉对什么东西都没有动力。"这些是社会工作者对服务对象（   ）的记录。

A. 事实　　　　B. 心理　　　　C. 推断　　　　D. 描述

7. 小李是专门从事地区发展的社会工作者。在组织社区居民讨论社区噪声污染问题时，居民老张提到自己 8 岁的儿子经常无故吼叫，砸家里的东西，有时还背着家长吸烟。老张为此特来向小李求助，小李应该为老张提供（   ）。

A. 心理治疗　　　B. 转介服务　　　C. 行为治疗　　　D. 外展服务

8. 服务对象："我要是没找到工作，我爸爸会非常生气，那就很可怕！"社会工作者："那你可以跟我说说，你爸爸生气时会怎么样呢？"服务对象："可能会对我发火，说我没出息。"社会工作者："你爸爸这样对你的情况多吗？"服务对象："好像也没有很多，有时也会鼓励我再好好找工作。"社会工作者："这么看，你觉得'可怕'的事件会发生吗？"服务对象："可能我把事情想得太严重了。"根据理性情绪治疗模式，上述对话体现社会工作者使用的技巧是（　　　）。

    A. 自我表露   B. 替代性选择   C. 理性功课   D. 去灾难化

9. 黄女士是一位40多岁的已婚女性，她最近因母亲过世而深感痛苦，情绪低落，持续失眠，为此，向社会工作者寻求帮助。社会工作者详细地询问了情况，经过评估，准备转介黄女士到医院进行诊断，确诊后再制订服务方案。根据上述内容，社会工作者进行转介前首先应（　　　）。

    A. 保证转介后提供的服务质量

    B. 鼓励服务对象积极接受转介

    C. 让服务对象充分表达感受并了解其需求

    D. 承诺可以为服务对象提供最适宜的资源

10. 服务对象："其实，我也知道打孩子没用。俗话说'棍棒之下出孝子'，说实在的，这也是老皇历了。现在的小孩子根本不吃这一套……"

    社会工作者："你知道没用，但还是管不住自己的手，你想过是什么影响了你吗？你想过要改变吗？"

    上述对话中，社会工作者运用的个案工作技巧是（　　　）。

    A. 对质   B. 同理   C. 澄清   D. 忠告

二、多项选择题

11. 增强个人或者家庭的社会功能也是社会个案工作本质的一部分，其重要内容包含（　　　）。

    A. 关注个人或家庭自身的能力   B. 提高运用周围环境资源的能力

    C. 提高对社会环境的适应能力   D. 提高解决问题和预防问题的能力

    E. 提高与社会环境相互促进的能力

12. 社会工作者小张在与某服务对象面谈时，了解到他因为几科考试不及格，就认为自己天生很笨。如果运用理性情绪治疗模式，小张应该让服务对象（　　　）。

    A. 具体描述自己的言行   B. 具体描述自己的感受

    C. 质疑自身的不合理信念   D. 学习理性的生活方式

    E. 打破病态的家庭结构

13. 小胡是大学二年级学生，本学期的统计学课程让她陷入高度焦虑状态，她上课听不懂，作业也无法完成。想询问老师和同学，却害怕被他们瞧不起。小胡努力在课后自学，但是收效甚微。于是向社会工作者小董求助，小董采用影响性技巧帮助小胡。下列做法中，体现了影响性技巧的是（　　　）。

    A. 小董向小胡介绍自己曾用过的统计学简明教程

    B. 小董与小胡分享自己研习教材例题的有效经验

    C. 小董向小胡建议旁听另一位同课程老师的授课

    D. 小董将小胡叙述的话进行整理并且概括出重点

    E. 小董向小胡表示自己也有类似经历和相同感受

14. 与传统的个案工作方法相比，个案管理的特点有（   ）。

A. 面对的服务对象问题更加复杂

B. 服务对象都来自转介与外展服务

C. 更注重在工作中与其他专业团队合作

D. 更注重为服务对象提供直接服务

E. 更注重链接多种资源提供整合服务

15. 小张因交通事故导致下肢瘫痪，妻子要求离婚，小张情绪极度低落。社会工作者协助他接受康复治疗，联系相关部门改造家中的厨房和卫生间设备，组织志愿者上门服务，同时请临床心理学家对其进行辅导。社会工作者在上述过程中运用的个案管理实施原则包括（   ）。

A. 专业合作原则   B. 服务协调原则   C. 资源整合原则

D. 效益优先原则   E. 循序渐进原则

参考答案

一、单项选择题

1. A   考点：个案工作的本质

2. C   考点：服务对象问题的预估之从纵向方面进行分析

3. C   考点：病态家庭结构的基本方式

4. B   考点：反思性直接治疗技巧

5. C   考点：理性情绪治疗模式的治疗技巧

6. C   考点：个案工作的会谈技巧

7. B   考点：个案申请与接案阶段专业关系的建立

8. D   考点：理性情绪治疗模式中的去灾难化技巧

9. C   考点：个案工作申请与接案阶段转介的工作任务

10. A   考点：个案会谈的技巧

二、多项选择题

11. ABD   考点：个案工作的本质中的"社会功能的增强"

12. ABCD   考点：理性情绪治疗模式的特点

13. ABC   考点：个案会谈的影响性技巧

14. ACE   考点：个案管理与个案工作的比较

15. ABC   考点：个案管理实施的原则

单元 2 提高题

一、单项选择题

1. 小李失恋后情绪低落，整晚睡不着觉，一想到自己被抛弃就觉得人生没有意义，表示不想活了。父母很担心，向社会工作者求助，社会工作者首先要开展的工作是（　　）。

A. 帮助小李学习交友技巧　　　　B. 评估小李自杀的可能性

C. 疏导小李的负面情绪　　　　　D. 了解小李失恋的原因

2. 高三学生小庄最近因两次模拟考试成绩不理想，心情沮丧，觉得考大学没有希望了，不如早点退学出去闯闯。学校社会工作者小丁了解情况后，运用心理社会治疗模式开展服务，在服务过程的"研究"阶段，小丁要做的是（　　）。

A. 帮助小庄疏导因考试失利导致的低落情绪

B. 注重从小庄与他人的交往中收集相关资料

C. 运用综合诊断方式确定小庄的问题和需求

D. 采用多层面的介入方式帮助小庄解决问题

3. 李先生中年失业，多次找工作未果，失去了信心，整日借酒浇愁。妻子为此跟他离了婚，带着孩子搬走了。李先生找社会工作者小林倾诉："我太没用了，活着真没意思。"小林说："李先生，您已经在非常努力地找工作了，只是现在工作不好找。您别灰心，我们一起再看看是否有其他工作机会。"小林的上述回应所遵循的危机介入原则是（　　）。

A. 限定目标　　　B. 反映感受　　　C. 提供支持　　　D. 替代选择

4. 七年级学生小薛个性十分要强，凡事都要争第一。近日，因为输了一场篮球赛，小薛情绪低落，母亲说了他两句，他就要离家出走。父亲常年出差，无暇顾及家庭。小薛的情况让母亲十分着急，于是向社会工作者小王求助。小王为小薛提供个案服务的首要任务是（　　）。

A. 帮助小薛增强自我情绪管理能力　　　B. 邀请母亲参加社区亲职能力小组

C. 鼓励小薛多加训练提高篮球技能　　　D. 辅导父亲以提高其亲子沟通能力

5. 小刘是一位 7 岁孩子的母亲，她总对自己不满意，希望今后孩子比自己优秀，却又不知道如何与孩子沟通，这让她感到非常焦虑。社会工作者根据多次会谈收集的信息，为小刘的个案服务方案制定了下列服务目标：①降低小刘对孩子的过高期待；②改变小刘的自动化思考模式；③强化亲子沟通能力；④增强小刘的自控能力。根据上述服务目标，社会工作者最有可能采用的服务模式是（　　）。

A. 认知行为模式　　　　　　　　B. 心理社会治疗模式

C. 任务中心模式　　　　　　　　D. 精神分析模式

6. 服务对象："我觉得自己真是个失败的母亲，太关心孩子啦！我的严格管教，不但没有让孩子的学习成绩提高，反而让我们的关系越来越远。"为了重塑服务对象的认知，社会工作者适宜的回应是（　　）。

A. "你对孩子过于严格，当然不利于你们之间的相处，孩子怎么会喜欢你？"

B. "你在管教孩子上认识到了自己的问题，这非常好，那你之后有什么打算呢？"

C. "你有这样的想法，是因为你相信自己可以用更好的方式来教育孩子，而不是说你很失败。"

D. "你一边说自己失败，又一边说自己关心孩子，这二者之间不是很矛盾吗？我觉得你要好好想想。"

7. 通过社会工作者小王的服务，转到城里读书的小芳逐渐适应了新学校的生活，和同学们成为好朋友。虽然学习成绩还有待提高，但小芳的学习兴趣越来越浓，主动性越来越强，最近她主动提出要结束个案服务。对此，小王适宜的做法是（ ）。

A. 同意结案，对个案服务进行总结和评估，并提出跟进建议

B. 同意结案，但要转介给小芳所在学校的老师继续开展服务

C. 不同意结案，因为小芳的学习成绩还有待进一步提高

D. 不同意结案，因为能否结案不取决于小芳的主观意愿

8. 75 岁的老江退休后数次被骗，子女埋怨他不听劝告，拿走了他的银行卡，每月只给他 1000 元的生活费，老江感到愤怒、羞愧，同时有厌世的情绪。他的朋友老刘得知情况后介绍他去找社会工作者小吴，他再三犹豫，还是没去。于是，老刘向小吴反映情况，小吴主动找到老江。此时，小吴最适宜的做法是（ ）。

A. 激发老江寻求服务的动力和信心 B. 邀请老刘参与制订服务计划

C. 缓和老江与子女之间的紧张关系 D. 巩固老刘和老江之间的友谊

9. 服务对象小军是一名大学四年级学生，在与社会工作者的某次面谈中表示，自己有 3 门课程不及格，如果不能顺利毕业会对不起父母，压力很大。他想努力学习但又抵挡不住网络游戏的诱惑，觉得只有玩游戏才能缓解压力。社会工作者的下列回应中，运用摘要技巧的是（ ）。

A. "小军，你刚才提到了很多要解决的问题，你最想解决的问题是什么？"

B. "小军，既然你知道再不用功就无法毕业，那为什么还不作出改变呢？"

C. "小军，你刚才讲的有两个意思：一个是自己不能顺利毕业，有压力；另一个是觉得打游戏可以让自己放松，是吗？"

D. "小军，我能理解你的矛盾感受，你觉得一直打游戏就很难毕业，对不起父母，但你仍然没办法控制自己。"

10. 社会工作者老赵在社区走访中，发现有位老人常坐在凉亭里发呆。老赵主动与老人交谈，得知她老伴刚刚离世，女儿在国外工作，自己也没有什么朋友，觉得孤单寂寞。老赵在征得其同意后，开始为她提供个案服务。该服务对象来源属于（ ）。

A. 外展工作   B. 本人求助   C. 个案访视   D. 社区转介

二、多项选择题

11. 小明的父亲平时忙于工作，很少回家，小明非常依赖母亲。期末考试中，小明多门功课不及格，父亲回家得知此事后暴跳如雷，大声责骂儿子："你这个臭小子，不会读书，只会花钱，都是你妈惯坏的！"小明的母亲对丈夫的行为十分不满，反驳说："你平时不关心儿子，只会骂他。你赚来的钱他不花谁花！"小明家中存在的主要家庭结构问题包括（ ）。

A. 纠缠   B. 倒三角   C. 联合对抗

D. 疏离   E. 三角缠

12. 大学三年级学生小路立志要考取一流大学的研究生，但她在应付日常学业和备考中顾此失彼，备受煎熬，并出现了严重睡眠障碍。学校社会工作者根据任务中心模式为小路提供个案服务。下列做法中，能发挥有效沟通功能的有（　　）。

A. 引导小路了解完成任务的有效途径

B. 明确介入服务的时间、方式和目标

C. 提升小路对自我规划的认识和理解

D. 鼓励小路用研究生的学业标准要求自己

E. 探究小路面临的问题和需要完成的任务

13. 经过一段时间个案服务，社会工作者小郑帮助一名辍学中学生改变了自己的不良行为，回到学校继续学习。在结案阶段，小郑应采取的做法有（　　）。

A. 酌情延长服务的间隔时间

B. 与服务对象讨论服务策略

C. 告知学校老师有关服务对象当下状况

D. 与服务对象探讨结案以后的跟进服务

E. 协助服务对象巩固已取得的服务成效

14. 一场火灾烧毁了村里孤寡老人吴奶奶的家，社会工作者找到吴奶奶，与她讨论了今后的生活安排，商议出多种救助办法。下列办法中，涉及正式社会资源的有（　　）。

A. 到住房宽敞的老邻居家借住　　　　B. 向民政部门申请临时救助

C. 安排吴奶奶入住乡敬老院　　　　　D. 投靠吴奶奶在外地的侄子

E. 向社会公益组织寻求帮助

15. 小军与父亲因就业问题大吵一架，觉得很委屈，向社会工作者老汪求助。老汪与小军几次面谈后，发现他言谈中前后不一致，打算采取"对质"技巧回应。下列回应中，符合"对质"技巧的有（　　）。

A. "你有很多话想说，这次你最想谈的话题是什么？"

B. "你这样的行为表现和你父亲对你的期望差距较大。"

C. "从你的表情看得出来你非常愤怒，而你说你没有生气。"

D. "你答应父亲开始学技术，但你没有去参加技能培训班。"

E. "从你的表述中，我的理解是你与父亲的矛盾不在就业上。"

参考答案

一、单项选择题

1. B 　　考点：危机介入模式的特点之快速作出危险性判断

2. B 　　考点：心理社会治疗模式的特点之注重从人际交往的场境中了解服务对象

3. A 　　考点：危机介入的基本原则

4. A 　　考点：个案工作的首要任务

5. A 　　考点：认知行为理论的实务原则

6. C 　　考点：认知行为治疗模式的治疗方法和技巧中的认知重塑

7. A 　　考点：个案工作结案阶段的工作要求

8. A 　　考点：个案工作专业关系的建立

9. C 　　考点：个案会谈引导性技巧中的"摘要"技巧

10. A 　　考点：个案管理工作过程中的"个案发掘与转介"

二、多项选择题

11. ACD 　　考点：结构式家庭治疗模式中的病态家庭结构的类型

12. ABCE 　　考点：有效沟通行动需达到的功能

13. DE 　　考点：个案工作结案阶段的工作重点

14. BCE 　　考点：社会资源的类型

15. CD 　　考点：个案会谈影响性技巧中的"对质"的技巧

单元 3　易错题

多项选择题

1. 10 岁的小龙在爸爸去世后，与妈妈一起生活。班主任老师发现小龙在学校情绪低落，反应迟钝，胳膊上还莫名其妙地出现一些伤痕，便将其转介给学校社会工作者小刘。为便于后期个案服务工作的开展，小刘决定全面收集资料，其适宜的做法有（　　　　）。

A. 通过家访观察小龙与妈妈之间的互动

B. 通过会谈来分析小龙问题产生的原因

C. 通过家访了解小龙的居住和生活环境

D. 查阅小龙的各科成绩单和就医记录等

E. 选用成人抑郁量表测量小龙心理状况

2. 社会工作者在走访中发现服务对象杨女士正处于精神分裂症康复期，最近她因为失眠而心情烦乱，一直说自己很倒霉，什么不幸的事情都会发生在自己身上，没有工作可以养活自己，担心家人嫌弃。社会工作者在辅导杨女士的过程中，进行了夫妻共同参与的面谈，运用专业方法减轻杨女士的心理压力，还鼓励和推荐其参加社区活动，对其开展压力应对等方面的训练。在此案例中，社会工作者扮演的主要角色有（　　　　）。

A. 使能者　　　B. 教育者　　　C. 治疗者　　　D. 倡导者　　　E. 协调者

参考答案

多项选择题

1. ABCD 　　考点：个案工作常用技巧之收集资料的技巧

　　　　解析：根据教材知识点，收集资料是社会工作者通过自己的观察以及与服务对象和周围他人的接触和会谈，调查、整理和分析服务对象问题的基本特征以及问题产生的原因和发展变化的过程，具体技巧包括：会谈的运用、调查表的运用、观察的运用、现有资料的运用。在本题情境中，社会工作者决定全面收集资料，其中选项 A 家访属于会谈和观察的综合运用，选项 B 属于会谈的运用，选项 C 属于观察的运用，选项 D 属于现有资料的运用，但选项 E 选用的成人抑郁量表不符合本案例中儿童服务对象的适用条件，故错误。综上，本题应选 ABCD。

2. ABC

考点：个案工作开展服务阶段的工作要求之专业角色的扮演

解析：从题干内容来看，社会工作者在服务过程中运用了多种方法与技巧，不仅帮助杨女士减轻心理压力，还帮助她应对精神健康问题，因此社会工作者的角色涉及多个层面。在本题情境中，具体分析如下。A. 使能者。社会工作者通过支持杨女士，并引导她参与社区活动，帮助她发掘自己的潜能和资源。使能者的核心职责是帮助服务对象调动自身能力来面对困境，这在案例中体现得非常明显。B. 教育者。社会工作者对杨女士进行了压力应对训练，教育她如何应对情绪困扰和心理压力，帮助她掌握一些新的应对技巧。教育者的角色通常涉及传授新的知识或技能，在本案例中，社会工作者教授杨女士应对压力的方法，属于教育者的行为。C. 治疗者。杨女士正处于精神分裂症的康复期，虽然社会工作者并不是直接进行心理治疗，但他运用了专业的技巧（如缓解心理压力、减轻焦虑等），并且帮助杨女士改善心理状况，这符合治疗者角色的要求。治疗者角色不仅关注消除服务对象的心理困扰，也帮助缓解其焦虑和情绪问题。易错点分析：D. 倡导者。倡导者角色通常表现为社会工作者为服务对象争取更好的资源和服务，或者在更大范围内推动某些社会或制度变革。在本案例中，社会工作者的工作更多集中在与杨女士的情感支持、心理辅导和个人能力的提升上，没有涉及为她争取社会资源或政策改变。因此，倡导者这一角色并不适用。E. 协调者。协调者的角色一般是在多个服务体系之间进行调度和协调，帮助服务对象获取外部的支持和资源。本案例中，社会工作者并没有表现出联系外部资源的行为，主要集中在与服务对象及其家属的互动，因此协调者角色不太符合此情境。综上，本题应选 ABC。

单元 4 闯关题

一、单项选择题

1. 服务对象秦女士对女儿有打骂行为。在面谈中，秦女士向社会工作者小兰抱怨："你们都是这样，只听孩子的话，都不相信我说的，我女儿不听话，我才会打骂她的。"小兰回应道："谢谢你愿意告诉我这些想法，听到你这样说，我有些委屈，其实你说的话和孩子说的话，我都会同样认真对待，我很想和你一起解决问题。"根据人本治疗模式，上述对话反映出个案辅导关系的特点是（   ）。

A. 表里如一   B. 不评价   C. 同感   D. 无条件接纳

2. 服务对象："我受不了父母对我的态度，真想离家出走，一个人到外面去闯一闯，但如果父母知道了一定会急疯的……"

社会工作者："你能考虑到父母的心情，也知道自己的行为对父母造成的影响，说明你不想用这种不辞而别的方式伤害他们，你对他们是有感情的。"

根据心理社会治疗模式，社会工作者运用的技巧是（   ）。

A. 心理动力反思   B. 间接影响

C. 探索-描述-宣泄   D. 直接影响

3. 某服务对象向社会工作者抱怨说："我的班主任老师总是挑我的刺儿，故意问我最难的问题，让我在班上丢脸，我真受不了!"下列社会工作者的回应中，运用"同理"技巧的是（   ）。

A. "老师为什么会这样对你呢?"

B. "振作起来，我相信你会处理得很好!"

C. "你生老师的气，因为他让你在班上很没面子。"

D. "你可能想多了，老师对每个学生都是一样的。"

4. 某儿童服务机构的社会工作者小梁接到一位居民的电话，反映其邻居家的 12 岁男孩小伟时常被父亲打骂。小梁通过入户访问、评估，决定为小伟一家提供服务。在预估与问题分析阶段，小梁首要要做的是（   ）。

A. 预判小伟家的问题及其成因   B. 收集小伟家及其所处环境资料

C. 与小伟家签订正式服务协议   D. 将小伟一家转介给家庭治疗师

5. 某社会工作服务机构正在执行一项"社会工作参与精准扶贫"的项目，社会工作者准备运用非结构式调查表入户了解贫困家庭面临的困境。关于非结构式调查表的说法，正确的是（   ）。

A. 比较适用于服务对象行为发生改变的调查研究

B. 比较适合收集有明确答案，且容易识别的资料

C. 只有预先设计好的调查问题，没有调查问题的答案选项

D. 既有预先设计好的调查问题，也有调查问题的答案选项

6. 小李今年 22 岁，本科毕业后在一家新媒体公司工作。没有经验的小李尽管非常努力，但仍难以应对繁重的工作，工作业绩不突出。小李觉得同事都很优秀，自己什么都做不好，达不到领导的要求，还让同事失望，感到很对不起他们。社会工作者小范决定采用

理性情绪治疗模式开展个案辅导。下列做法中，符合该模式特点的是（　　）。

A. 让小李明白她的困扰是由于自己认为"达不到别人要求是不好的"

B. 从小李以往生活工作经验出发，帮助其分析目前遭遇困境的根源

C. 协助小李分析个人能力、与领导和同事的关系，疏导其负面情绪

D. 让小李认识到自己刚参加工作，工作业绩不突出是可以被理解的

7. 社会工作者："小萍，我们归纳一下，你刚才讲的主要有两点：第一是在家上网课，缺少学习氛围，有点松懈，学习状态和效率都让你不满意；第二是明年要毕业了，究竟是考研出国还是回老家找份工作，你有点迷茫。你看我说的有遗漏吗？"上述表述中，社会工作者运用的谈话技巧是（　　）。

A. 澄清　　　　　　B. 摘要　　　　　　C. 对焦　　　　　　D. 反映

8. 16岁的小李患有严重的抑郁症，为配合药物治疗，一直休学在家。社会工作者通过家庭评估，了解到小李的父亲工作很忙，父母之间很少沟通，母亲将所有的时间和精力都放在小李身上，让小李感到喘不过气来。根据结构式家庭治疗模式，社会工作者适宜采用的做法是（　　）。

A. 帮助小李家庭成员看到自身潜在的优势

B. 让小李家庭在辅导过程中表现交往冲突

C. 帮助小李家庭厘清家庭交往关系的界限

D. 协助小李家庭建立合理观察生活的视角

9. "展帆计划"是一项针对困境中的残障儿童的服务项目。该项目采用个案管理的方法，联系不同的专业机构，为困境中的残障儿童提供康复训练、心理辅导、社会融入等服务。上述服务中，体现出社会工作者在个案管理中的主要作用是（　　）。

A. 限定服务目标，培养自主能力　　　B. 清晰界定问题，明确服务方法

C. 整合不同服务，促进多元合作　　　D. 重视人际沟通，发展超我功能

10. 张某是一名初三的学生，眼看升学在即，他却天天泡在网吧。张某的班主任十分担心，于是将张某带到学校社会工作者这里，希望张某能够接受服务，改变自己的行为。请问社会工作者面对张某应该首先采取（　　）工作。

A. 了解张某的求助愿望　　　　　　B. 建立专业服务关系

C. 鼓励张某积极面对改变　　　　　　D. 收集张某的相关资料

二、多项选择题

11. 朱女士与冯先生育有一双儿女，儿子康康上小学，女儿妞妞上幼儿园。夫妻俩因工作繁忙，无法顾及家庭，只能与冯先生的父母一起居住，共同照顾孩子。朱女士与公婆在教养孩子方面的理念和方法差异较大，婆媳经常争吵，严重时甚至恶语相向。最近半年，康康的学习成绩明显下降，变得沉默寡言，冯先生寻求社会工作者老袁的帮助。在预估阶段，老袁需要对冯先生的家庭问题进行分析，其内容应该包括（　　）。

A. 冯先生家庭问题的干预建议　　　B. 冯先生家庭成员的能力和拥有资源

C. 冯先生家庭问题的主要表现　　　D. 冯先生家庭服务策略中的理论依据

E. 冯先生家庭问题的主要成因

12. 在个案工作中，社会工作者有时会使用对质技巧来影响服务对象，使其更加关注未来的改变。下列回应中，运用了对质技巧的有（　　）。

A. 你如果要关心父亲，你就该经常回去探望他

B. 你如果挑剔妻子的毛病，妻子可能会跟你离婚

C. 你说过要对朋友宽容，但你在不断地挑剔和指责她

D. 你讲了这么多母亲关心你的事，你却说母亲不关心你

E. 你答应老师不再旷课，可这周从周一开始你就没上课

13. 高三学生小红希望能考上重点大学，但平时学习成绩较差，觉得老师总是针对自己，害怕与老师交流。一天，她与母亲因小事发生争吵，并对母亲大吼："都是你的错！我这个样子都是你跟我爸离婚造成的，现在所有人都看不起我，不如死了算了。"社会工作者小强决定运用理性情绪治疗模式为小红提供服务。下列小强的做法中，体现了"非理性信念检查"技巧的有（　　）。

A. 与小红分享自己处理亲子间冲突的经验

B. 鼓励小红在遇到问题时主动向老师请教

C. 让小红具体描述与母亲冲突时自己的情绪和行为

D. 帮助小红识别其观念中不符合实际的绝对化思维

E. 建议小红降低期望并选择适合自己的专业和学校

14. 刘女士失业后，丈夫经常以工作忙为由不回家，稍不如意就打骂刘女士。刘女士考虑到孩子年幼，自己又没有工作，不想离婚，整天以泪洗面。她向社会工作者倾诉，但对未来的改变缺乏信心。为促使其接受机构的服务，社会工作者目前应该做的工作有（　　）。

A. 给予刘女士及时的鼓励　　　　　B. 与刘女士讨论并明确改变要求

C. 向刘女士介绍机构的服务　　　　D. 对刘女士进行危机干预

E. 找民政部门帮助解决家暴问题

15. 小陆在县城读书，高考结束后回到村里才知道自己家的房屋被洪水冲毁，母亲遇难，父亲因伤心过度而病倒，失去劳动能力。小陆无法承受这一切，整日神情恍惚。社会工作者小赵接案后，决定用个案管理的方式开展服务。下列做法中，体现个案管理协调者角色的有（　　）。

A. 鼓励小陆积极准备未来的学习生活　　B. 联系多个机构共同为小陆提供服务

C. 整合多渠道资源帮助小陆渡过难关　　D. 评估各方面为小陆提供服务的成效

E. 独立为小陆一家设计一整套服务方案

参考答案

一、单项选择题

1. A　　　　考点：个案辅导关系中的"表里如一"

2. A　　　　考点：心理社会治疗模式的治疗技巧

3. C　　　　考点：同理心的技巧

4. B　　　　考点：预估与问题分析

5. C　　　　考点：非结构式调查表

6. A　　　　考点：理性情绪治疗模式的特点

7. B 考点：个案会谈的引导性技巧

8. C 考点：结构式家庭治疗模式

9. C 考点：个案管理的特点

10. A 考点：个案工作各个阶段的工作要求

二、多项选择题

11. ABCE 考点：预估与问题分析之"服务对象问题的分析"

12. CDE 考点：对质的技巧

13. CD 考点：理性情绪治疗模式的治疗技巧

14. ABC 考点：个案工作接案阶段的基本任务

15. BCE 考点：个案管理中社会工作者的角色

第六章

小组工作方法

6

【本章复习提示】●———————————————————

　　本章主要介绍社会工作三大工作方法之一的小组工作方法，考试要点包括小组工作的类型、理论基础、主要工作模式、各阶段小组工作的重点及常用技巧。

　　为有效复习，建议考生注意以下几个方面：1. 了解教育小组、成长小组、支持小组和治疗小组的特点，能结合具体的案例情境准确区分。2. 掌握互动模式、发展模式的定义、特点和实施原则。3. 熟悉小组工作的各个阶段（准备阶段、开始阶段、转折阶段、成熟阶段和结束阶段）的特征，以及在这些阶段中社会工作者的任务和角色。4. 精确掌握小组工作的专业技巧（重点是沟通互动技巧、小组讨论技巧、小组活动设计技巧、小组评估技巧），着重应对考题在小组情境中的应用性考查。

单元 1 基础题

一、单项选择题

1. 某镇社工站为推动居民参与社区治理，在社区内招募了一批志愿者，并开设了主题为"我为人人，人人为我"的服务能力提升小组；根据社会目标模式的实践原则，社会工作者适宜的做法是（　　）。

A. 帮助组员构建社会关系网络

B. 强化组员团队协作，共同承担社区责任

C. 鼓励组员之间面对面的互动

D. 提升组员解决问题的能力，激发其潜能

2. 在一个提升社区居民心理健康的教育小组中，组员老杜分享自己通过学习心理健康知识，改变了对心理疾病患者的负面看法，从之前的害怕到现在逐渐理解他们的处境，社会工作者听完老杜的分享后说："刚才老杜提到学习心理健康知识的收获时说：心理疾病患者的偏见减少了，其他人对这个问题是怎么看的呢？"社会工作者的上述提问类型是（　　）。

A. 重新定向型提问　　　　　　B. 封闭式提问

C. 反馈阐述型提问　　　　　　D. 深究回答型提问

3. 某乡社工站设计了"幸福乡村"示范建设项目，引导村民参与乡村环境整治，开发出具有乡村文化特色的旅游路线，助力乡村振兴，项目实施一年后，开展评估工作，下列内容中，属于效果评估的是（　　）。

A. 旅游路线管理情况　　　　　B. 社会工作者能力提升情况

C. 项目经费支出情况　　　　　D. 村民公共意识提升情况

4. 服务对象："我在和陌生人接触时特别害怕，也不想说话。"

社会工作者："你现在说的就很好啊，主动把自己的感受和想法都表达出来了，这样多练习，时间长了就不害怕了。"

上述社会工作者的回应，运用的技巧是（　　）。

A. 摘要　　　　　B. 澄清　　　　　C. 鼓励　　　　　D. 聚焦

5. 社会工作者小钱探访精神障碍康复者家庭时，家属反映患者情绪波动大、不按时服药、很难看管，照顾负担很重，同时也说到担心被别人议论，不愿与人打交道。此外，家属还表示患者病情反复，康复周期漫长，让全家人看不到任何希望，小钱针对家属存在的照顾压力大、社交圈缩小、认知偏差等问题开展不同类型的小组，以帮助他们克服困难。下列小组中，属于教育小组的是（　　）。

A. 减压经验分享小组　　　　　B. 社会网络重构小组

C. 照护技能提升小组　　　　　D. 自我认知重塑小组

6. 社会工作者小李为社区残障人士开设就业援助小组，旨在激励参加者提升就业动机和技能。小组开始阶段，组员很少主动说话，气氛沉闷。面试经历分享环节，只有组员小徐介绍了自己的面试情况。面对这种情形，小李最适宜的做法是（　　）。

A. 邀请每位组员依次介绍自己的面试经历

B. 邀请小徐再次深入分析自己面试失败的原因

C. 运用小组游戏打破沉默，促进组员互动、提升信任

D. 询问组员不愿意发言的原因及对其他组员的看法

7. 社会工作者小李发现一些高中生沉迷于手机游戏严重影响学习。小李采用量表和访谈方法进行需求评估，然后设计了一个小组服务计划，帮助学生改变手机游戏成瘾的行为。从小组类型的角度看，该小组属于（　　）。

A. 教育小组　　　B. 治疗小组　　　C. 支持小组　　　D. 成长小组

8. 社会工作者小李正在设计邻里互动小组中的最后一节活动"邻里茶话会"，她的活动设计方案中包含茶话会的目标、参与者信息、活动流程、时间安排、组员角色、场地布置、活动成效评估方法、预计困难及应对措施。项目主任提醒她在方案中还应包含（　　）。

A. 茶话会的经费预算表　　　　　B. 互助小组的发展方案

C. 居民对茶话会的建议　　　　　D. 对该社区的情况介绍

9. 在灾后小学生心理支持小组中，社会工作者小周运用输入希望、自我表露、互助支持、接纳自我等专业技巧，促进组员的改变。小周的这些做法主要体现出的小组工作特点是（　　）。

A. 关注组员问题相似性　　　　　B. 强调组员的民主参与

C. 重视小组治疗性因素　　　　　D. 注重组员的个人能力

10. 企业社会工作者小陈发现，有些员工由于工作繁忙而忽视了子女的教育，导致子女的学习成绩较差。为此，小陈利用假期为这些员工子女开设了教育小组。在小组结束阶段，组员纷纷表现出依恋和不舍。这时，小陈最适宜的做法是（　　）。

A. 带领组员分享当下感受和收获的经验，表达对未来的期待

B. 告知组员小组已经结束，如有学习方面的需要可微信自己

C. 布置家庭作业，鼓励组员在小组结束后可以常来企业参观

D. 组织组员分享经验和收获，告知大家结束分享后即可离开

二、多项选择题

11. 社会工作者小敏准备给学校里有偏差行为的学生开设一个治疗小组，帮助他们纠正行为，更好地适应社会。下列小敏的做法中，主要体现治疗模式实施原则的有（　　）。

A. 针对组员共同性与个别性问题，制订小组目标和治疗计划

B. 通过小组活动，组员获得的主要是社会工作者的陪伴关怀

C. 通过小组活动，重点培养提升组员的社会意识和社会责任

D. 带领组员建构新的社会关系网络，以替代原来有缺陷的社会关系网络

E. 综合运用行为心理学、社会学、临床社会工作的知识和实务技巧

12. 社会工作者小江为残疾儿童家长开设了一个"同路人"的支持小组，经过几节小组活动后，家长从不愿表达自己到能与其他组员深入地分享自己的艰辛、困惑和经验，并在相互交流中获得育儿的新知识和新方法。小江准备在下一节小组活动中，采取一些措施帮助家长将新的认知转变为行动。下列小江采取的措施中，有助于该目标实现的有（　　）。

A. 协助家长为自己的改变负责，鼓励他们不断尝试新的行动

B. 及时发现家长刚开始出现的正向行为，并加以肯定和支持

C. 帮助家长获得社会支持，将小组习得的行动运用在小组外

D. 适当控制小组的进程，等待家长行为慢慢地发生改变

E. 强化家长对小组的期待，提高他们对小组目标的认识

13. 社会工作者小芳为社区的志愿者骨干举办了一个"社区带头人训练营"。在最近的一次小组活动中，组员老王和老李在讨论社区志愿者守则时出现了分歧。老王认为守则的内容不能过细，且应以鼓励和支持为主。而老李认为守则应该细化，奖罚要分明。双方争论很激烈，互不相让，甚至出言不逊。此时，小芳适宜的做法有（　　）。

A. 帮助老王与老李澄清冲突本质，共同寻找解决争论的办法

B. 提议重新调整小组规范和契约，形成处理争论的基本原则

C. 运用角色扮演的方式，协助双方增进对理性沟通的认识

D. 立即结束守则内容的讨论，引导组员讨论如何遵守守则

E. 立即制止老王与老李的争论，由自己确定志愿者守则

14. 社会工作者小曹最近刚刚完成一个"老人情绪管理"小组。他在督导老张的指导下，对小组进行了评估。下列小组评估方法中，属于效果评估的有（　　）。

A. 着重观察组员在小组中的表现　　B. 听取现场观察人员的反馈意见

C. 用目标达成量表评估小组目标　　D. 对组员进行小组的满意度调查

E. 查看小组记录，调整活动计划

15. 以下观点中，属于符号互动理论主要观点的有（　　）。

A. 心灵、自我和社会是人际符号互动的过程

B. 语言是心灵和自我形成的主要机制

C. 心灵是社会过程的内化

D. 行为是个体在行动过程中自己"设计"的

E. 每个人的行动均被行动发生的场域所影响

参考答案

一、单项选择题

1. B	考点：社会目标模式的实施原则	
2. A	考点：小组工作提问的技巧之"5 种提问类型"	
3. D	考点：社会服务方案策划的步骤和方法中的"服务的评估"	
4. C	考点：个案会谈的技巧	
5. C	考点：小组工作的类型	
6. C	考点：小组开始阶段社会工作者的任务	
7. B	考点：小组工作的类型	
8. A	考点：小组活动的基本要素	
9. C	考点：小组工作的特点	
10. A	考点：小组结束阶段社会工作者的任务	

二、多项选择题

11. ADE   考点：治疗模式的实施原则
12. AB   考点：小组成熟阶段社会工作者的任务
13. ABC   考点：小组转折阶段协调和处理冲突
14. CD   考点：小组评估技巧
15. ABCD   考点：小组工作的理论基础符号互动论

单元 2 提高题

一、单项选择题

1. 社会工作者小蔡开设了"勇往'职'前"残障人士就业辅导小组，在引导组员分享就业意愿时，组员老钱认为自己只能做些简单的工作，赚不了什么钱，还会被他人歧视，因此不想就业，其他组员也纷纷附和。为此，小蔡对组员固有的就业观念质疑，带领组员识别自身的优势与潜能。上述小蔡的做法体现出对小组整体的介入技巧是（　　）。

A. 改变小组文化
B. 改变沟通和互动模式
C. 利用整合动力
D. 吸引其他组员的关注

2. 社会工作者老杨开设了"常喜乐"长者生命缅怀小组。在小组的不同阶段，组员的表现各异。下列组员的表现，属于转折阶段的是（　　）。

A. 在"自画像"环节组员相互推让，李奶奶带头发言后，其他人才接着发言
B. 在"我的生命树"环节，孙奶奶主动担任记录员记录并总结组员的发言
C. 在人生意义的分享环节李爷爷和王奶奶发生争执互不相让，相互批评指责
D. 在小组中逐渐变得积极，热情的张爷爷重回沉默状态，未回应他人的分享

3. "通过前几次的小组活动，我们大家都达成了共识：尽管父母的教育方式可能不当，但他们始终是爱我们的，他们是我们最信任的人。大家也都认为，一时冲动，向自己父母说狠话、说重话是不对的。那么今天，我们就要想想办法，如何克制自己的冲动，改善与父母的沟通。"社会工作者的这段话最有可能出现在小组的（　　）。

A. 开始阶段
B. 中期转折阶段
C. 后期成熟阶段
D. 结束阶段

4. 某社会工作服务机构运用小组工作方法为孤独症儿童及其家长提供了一系列服务。下列小组中，符合支持小组特点的是（　　）。

A. 针对孤独症儿童家长的照顾知识培训小组
B. 针对孤独症儿童的社会交往能力提升小组
C. 针对孤独症儿童家长的"倾听心声"小组
D. 针对孤独症儿童的绘画技能技法培训小组

5. 小组组员因为缺乏社会支持而对自己所处的环境感到无助、无力和悲观。在小组工作过程中，通过小组组员之间、组员与社会工作者之间的互动分享，每个人相互支持互助发展。该段话体现了小组工作具有（　　）功能。

A. 塑造小组组员的平等意识和共同体归属感

B. 提供小组组员自我改变及"被肯定"的社会场景

C. 打造增能的社会支持网络

D. 创造相互帮助、共同成长的学习机会

6. 社会工作者小黄在社区开展了一个"绿色环保"小组，通过小组活动，激发了组员参与环境保护的热情，提升了组员社会参与的能力。下列小黄的做法中，反映出社会目标模式理念的是（　　）。

A. 通过组员之间的互动，实现小组的目标并获得个人发展

B. 运用各种治疗方法帮助组员学习新行为，发展关系网络

C. 运用刺激、质疑等技巧提高小组的互动频率和互动质量

D. 通过培养小组"领袖"，提升其推动社区发展的意愿和能力

7. 针对部分高三学生因学习任务繁重，出现焦虑、失眠、学习效率下降的情况，社会工作者小于举办了一个"放飞心灵"小组，目的是帮助高三学生学习自我减压方法，释放压力，调适心情，降低焦虑，提高学习效率。该小组依据的是（　　）。

A. 阿德勒式小组理论　　　B. 精神分析小组理论

C. 行为治疗小组理论　　　D. 完型治疗小组理论

8. 社区里有些独居老人身患多种疾病，需要亲属照顾，这让他们觉得自己很没用，感觉生活没意思。社会工作者老张准备开展主题为"再觅彩虹路"的小组服务，帮助老人重新树立信心。小组第五节的目标是：在当前条件下构建个人未来的正向生活，促使组员肯定自我价值。下列活动中，最适宜实现第五节小组目标的是（　　）。

A. 流金岁月·回顾多彩一生　　B. 绚丽生活·展望幸福的人生

C. 晴朗天空·唤醒童年记忆　　D. 心灵共鸣·认识同处境老人

9. 社会工作者拟为辖区 12~16 岁困境儿童开设主题为"心手相牵，同心童行"的小组，目的是增强困境儿童的自信心，提升其人际交往能力。在开展小组需求评估的过程中，社会工作者的理解正确的是（　　）。

A. 小组需求评估的重点必须聚集于小组组员现在发生的问题

B. 小组需求评估可采用标准化量表，对组员作出诊断性判断

C. 小组需求评估需考虑小组整体、组员需求和小组环境需求

D. 小组需求评估应该采用单一的资料收集方法以保证准确性

10. 社会工作者小李为全职妈妈开设支持小组，其中一节小组活动是讨论全职妈妈的焦虑情绪。小李在组织小组讨论时，采用了几种提问技巧，其中属于反馈和阐述型提问的是（　　）。

A. "请问各位妈妈，您自己的焦虑情绪与孩子有什么关联吗？"

B. "有哪位妈妈愿意跟大家说一下最近一次产生焦虑情绪的情形？"

C. "刚才大家讲述了自己焦虑情绪发生的情形，哪位妈妈愿意帮忙总结一下？"

D. "刚才这位妈妈提到自己的焦虑总是发生在孩子考试前后，那其他妈妈的情况是怎样的？"

二、多项选择题

11. 小皓是某精神卫生中心儿科的社会工作者，她计划运用小组工作治疗模式针对多动症儿童开展服务。下列小皓的做法中，符合治疗模式实施原则的有（　　）。

A. 综合运用不同学科的知识，明确小组治疗的目标

B. 通过游戏，促进儿童间的互动，搭建互助的平台

C. 评估多动症儿童的实际需求，并确定小组的目标

D. 注重了解小组里每位多动症儿童的康复治疗计划

E. 运用多种治疗方法，帮助多动症儿童学习新行为

12. 社会工作者老李在地震灾区为受灾的羌族农村妇女举办了"羌绣伴我行——妇女能力建设小组"，小组顺利进入后期成熟阶段，组员开始讨论未来羌绣的销售以及销售收入的管理。此时，老李要做的工作有（　　　）。

A. 协助部分组员处理小组即将结束产生的离别情绪

B. 协助组员维持小组中形成的行为模式和互助关系

C. 引导组员共同努力解决羌绣销售市场开拓的难题

D. 鼓励组员积极尝试去寻找和获取销售市场的信息

E. 关注部分组员可能出现的异常行为和特殊的变化

13. 社会工作者小刘计划举办一个儿童多动症行为治疗小组，在设计小组过程评估内容时，小刘需要考虑的指标有（　　　）。

A. 组员的参与动机
B. 目标行为的频率

C. 目标行为的连续性
D. 组员的参与程度

E. 目标行为的严重性

14. 城市外来女性务工人员面临较大工作和生活压力，为此，社会工作者小周开设了一个成长小组。在第四节小组关于"工作压力"分享环节中，组员小花说："其实没什么，大家有压力都很正常，所有人都会遇到的。"组员小圆说："大家都在说一些无关痛痒的事情，我感觉所有人都没有说出真实想法，在回避问题。"针对小花和小圆的表述，小周适宜的回应有（　　　）。

A. "小圆，你能具体说说她们是怎么回避问题的吗?"

B. "谢谢小圆和小花的分享，对她们的想法，其他人有什么想说的吗?"

C. "谢谢小圆和小花的分享，大家在这里不用隐藏自己的想法，我们不妨试着说出来。"

D. "刚才从小花的分享中，我好像没有听到实质性的信息，是不是大家不想谈论工作压力的话题?"

E. "非常高兴大家分享越来越主动了，如果能试着说出自己的真实感受，对自己和小组都具有意义。"

15. 社会工作者小王计划运用互动模式设计戒毒康复人员同伴互助小组。小王设计的下列小组活动内容中，符合互动模式实施原则的有（　　　）。

A. 角色模拟：在高危情景中学会拒绝

B. 巧舌如簧：就尿检利弊问题展开辩论

C. 同伴示范：同伴分享戒毒的心路历程

D. 授业解惑：专家讲述戒毒过程中的生理反应

E. 回报社会：重阳节组织组员为敬老院老人服务

参考答案 ··

一、单项选择题

1. A   考点：对小组整体的介入技巧之"改变小组文化"

2. C   考点：小组工作的转折阶段

3. C   考点：小组的过程

4. C   考点：支持小组的特点

5. C   考点：小组工作的功能

6. D   考点：社会目标模式的实施原则

7. C   考点：治疗模式的理论基础

8. B   考点：小组活动设计技巧

9. C   考点：小组评估技巧中的"小组需求评估"

10. C   考点：提问的技巧

二、多项选择题

11. ADE   考点：治疗模式的实施原则

12. BCDE   考点：小组成熟阶段社会工作者的任务

13. BCE   考点：小组过程评估

14. BCE   考点：小组沟通与互动技巧

15. ABC   考点：互动模式的实施原则

单元 3   易错题

一、单项选择题

1. 社会工作者小艾在社区招募了 11 名儿童，开设一个教育小组，旨在培养他们良好的学习习惯。小艾发现从第二节起，一些组员就不来参加小组活动了。到了第四节，只剩下 5 名组员坚持参加活动。小艾为此很苦恼，并怀疑自己的能力，寻求督导老王的支持，老王的下列做法中，最恰当的是（   ）。

A. 指出小艾发现组员流失时，未考虑小组发展方向的问题也没寻求督导支持

B. 向小艾询问小组发展过程，指出服务出现问题会影响机构在社区的公信力

C. 帮助小艾分析小组进程，共同找出导致组员流失的原因主要是小组目标不明确

D. 指出小艾没有就小组开展细节征求督导者意见，最终导致小组服务效果不佳

二、多项选择题

2. 根据需求调研结果，社会工作者小李拟为居住在社区的随迁老人开展一个"社区

融入"主题小组。老人们表示对小组活动不太了解，既感到新鲜，又担心自己做得不好，针对上述情况，在开展小组活动之前，小李适宜的做法有（　　）。

A. 通过向老人介绍小组目标和内容，消除老人的顾虑

B. 设计有趣易记的小组名称，引发老人对小组的关注

C. 向性格独特的老人进行个别介绍，让其感到小组有趣

D. 向老人子女介绍小组计划，让他们鼓励老人参与小组

E. 在小组中与老人忆唱老歌的活动，激发老人参加小组的兴趣

参考答案

一、单项选择题

1. C　考点：小组活动设计技巧中的"扣紧小组目标"

解析：本题考查的是社会工作者在进行小组工作时如何处理目标设定和小组进程中的问题。在小组工作过程中，目标的设定和执行是非常重要的，因为活动的设计和组织必须与小组的阶段性目标和最终目标相一致。如果小组的目标不明确或活动不符合目标要求，很容易导致组员流失或不参与，最终影响服务效果。易错点分析：选项 A 不准确，因为小艾已经意识到组员流失问题，并且寻求了督导支持。因此，问题不在于未寻求支持，而是可能没有分析清楚小组发展的目标和方向。选项 B 的侧重点是强调服务的公信力，但并未直接帮助小艾分析小组活动的目标和进程，缺少针对小组目标不明确这一核心问题的分析，因此不够恰当。选项 D 虽然提到小艾未征求意见，但它关注的是细节而非目标的设定，不能从根本上解决组员流失的问题，缺乏对目标和活动设计的深入分析。综上，小艾面临的问题是小组组员流失，导致这一现象的根本原因可能是小组目标不明确，进而影响了活动的吸引力和有效性。作为督导，老王应当帮助小艾分析小组进程，找出问题的根源，并有针对性地提出改进建议，故应选 C。

二、多项选择题

2. ABCE　考点：小组开始阶段的特征与任务

解析：根据教材知识点，这个阶段的小组成员有"矛盾的心理与行为特征"，即他们既对小组充满好奇和期待，也希望与其他组员或社会工作者有良好的互动，但又有疑惑和焦虑。在开始阶段，社会工作者可以根据组员的个性特征以及小组的类型，设计出有创意的打破僵局的各种活动，恰当地使用一些游戏方法，帮助小组组员互相认识，催化相互之间的互动，故选项 B、C、E 正确。另外，还要强化小组组员对小组的期望，提高他们对小组目标的认识。

虽然在决定参加小组之前，小组组员对小组目标已有初步认识，但还比较模糊、比较抽象，不同小组组员之间对小组的认知和期待也不尽相同。因此小组一开始，首先要与大家讨论小组的目标，订立大家共同认知的小组目标；要使大家清楚小组准备并且能够帮助他们实现什么样的目标。这样做的好处是，可以促进小组组员认识和接纳小组，做好融入小组的心理准备，故选项 A 正确。综上，本题应选 ABCE。

单元 4　闯关题

一、单项选择题

1. 在某节癌症病友支持小组活动中，社会工作者老刘发现组员开始主动讨论出院后如何加入癌症康复者互助组织，以及如何运用互联网平台获取相关知识，下列活动中，适宜在这一阶段开展的是（　　）。

A. 知行需合一；尝试新改变　　　　　　B. 人多力量大；共同找对策

C. 疾病面面观；理性看治疗　　　　　　D. 开启新篇章；模拟新生活

2. 在"暖心相伴"困境儿童支持小组的某节活动中社会工作者小朱设计了"我有你有：资源图绘制""我想这样做：尝试新行动""你我同行：齐心找方向"等环节，促进组员互动，推动小组进程，上述环节最有可能出现在小组的（　　）。

A. 开始阶段　　　　B. 成熟阶段　　　　C. 转折阶段　　　　D. 结束阶段

3. 医务社会工作者小同发现因现实中的人际关系问题，部分抑郁症患者的病情时好时坏，影响工作和生活。为此，他开设了"友你同行"小组，邀请组员以角色扮演的形式再现人际冲突问题及其应对方式，并在小组中推动组员互动，缓解人际关系紧张，构建互助、支持的和谐人际关系。组员在小组中获得的成功经验可以协助其在小组结束后调整人际交往模式，改善人际关系。这一小组运用的小组模式是（　　）。

A. 发展模式　　　　B. 互动模式　　　　C. 治疗模式　　　　D. 社会目标模式

4. 在"伴你无碍"助残志愿者成长小组中，社会工作者带领组员一起讨论助残服务技巧。组员老韩："这类服务稍不留神就会引起冲突。有一次我背对着一个聋人说话，就被他误解为我在说他的坏话。我跟他比画了半天，他也不知道我在说什么。太难了！"社会工作者："感谢老韩说了你的经历，我还是想让大家说说在服务当中有什么好办法。"上述社会工作者的回应，运用到的技巧是（　　）。

A. 聚焦　　　　B. 澄清　　　　C. 限制　　　　D. 催化

5. 针对医护人员的职业倦怠问题，社会工作者小刘开设了"初心依旧"小组，在探讨职业倦怠的原因时，组员小王认为工作压力大容易导致职业倦怠，引起了其他组员的共鸣，小刘拟运用"深究回答型"的提问技巧推进讨论。下列提问中，最适宜的是（　　）。

A. "小王分享了职业倦怠的原因，大家还有其他观点吗？"

B. "哪位组员可以复述一下这个环节我们讨论的主要结论？"

C. "我们已经讨论了一段时间了，谁能总结一下大家的发言？"

D. "哪位组员可以描述一下什么情况会让你感到工作压力大?"

6. 社会工作者小刘发现社区中部分老人无所事事,生活比较单调枯燥。通过需求调研,小刘了解到老人们非常希望社区多搞些活动,提供机会让老人们多交流,同时也为社区建设作点贡献。为此,小刘拟运用社会目标模式为老人开展小组服务。下列做法中,最符合社会目标模式实施原则的是( )。

A. 协助老人组建志愿服务队,提升关怀社区困难人群的责任意识

B. 教导老人学习沟通技巧,学会开放、平等地与他人交流和互动

C. 引导老人表达生活中的困惑,积极分享和学习自我调节的经验

D. 解决老人社会关系失调问题,协助老人重新建立社会支持网络

7. 社会工作者小刘为社区的残障人士开展了一系列的小组服务,经过几次小组活动的进行,小组整体的开展状况良好,组员们变得更愿意交流沟通,并开始形成相互支持的局面。组员们自己商量、通过了议事机制,并在每次小组讨论中自觉运用。在这一阶段,社会工作者的角色是( )。

A. 处于核心位置,扮演领导者角色   B. 处于边缘位置,扮演协调者角色

C. 处于边缘位置,扮演同行者角色   D. 处于核心位置,扮演引导者角色

8. 社会工作者小张采用互动模式开展了一个"睦邻屋"小组,旨在增加流动儿童与本地儿童的交流,促进流动儿童的社区适应与融合。关于该小组的说法,最准确的是( )。

A. 该小组虽然是个互动小组,但仍应考虑服务流动儿童的补救性目标

B. 鉴于儿童的性格和行为特征,小张在带领小组时应做好控制者角色

C. 小组主要围绕社区适应问题,小张应将其目标主要聚焦于流动儿童

D. 小张可以运用激励和示范等技巧,提高组员之间互动的频率和质量

9. 社会工作者小李设计了一个旨在提升无业青年自信心的小组,从小组工作第四节开始,小李引导组员共同完成"挑战北斗星"的游戏。

小李:"完成游戏那一刻,大家感觉如何?"

组员:"哇,太激动了,感觉像是心里一块大石头落地了。"

小李:"与最初相比,大家的想法有什么变化?"

组员:"刚开始我觉得不可能完成任务,担心椅子会受不了,等大家成功走完最后一张椅子时,我才发现有些事情并不像想象的那么难,需要多去尝试。"

以上对话,一般出现在小组活动经验分享环节,其主要目的是( )。

A. 引导组员讨论参加活动的收获,交流给自己的启发

B. 引导组员彼此交流与合作,协助小组互助网络形成

C. 引导组员形成稳定关系,促使小组进程有规律可循

D. 引导组员间形成相互信任的氛围,增加小组凝聚力

10. 下列关于小组需求评估的说法,正确的是( )。

A. 小组需求评估必须在开始阶段对小组的需求进行准确评估

B. 运用标准化量表进行需求评估,可对组员作出诊断性判断

C. 小组需求评估一般应由资料收集和资料分析两个步骤组成

D. 小组需求评估需考虑小组整体、组员需求和小组环境需求

二、多项选择题

11. 社会工作者老杨计划为社区内的随迁老人开设小组，以帮助他们适应新的生活。在小组开始阶段，为了营造信任的小组氛围，老杨适宜的做法有（　　　　）。

    A. 组员发言后，老杨运用同理和真诚等技巧予以回应

    B. 创造更多表达机会，引导组员之间相互回馈和关怀

    C. 自我介绍环节邀请组员分享兴趣爱好，寻找相似性

    D. 允许组员将彼此的误解留到小组结束后再解释澄清

    E. 以社会工作者为中心引导讨论，组员可不发表观点

12. 社会工作者小陈为社区青少年开设了"性安全教育"小组。通过小组活动，组员树立了正确的性观念，学习了相关生理卫生知识，掌握了自我防护的方法。在小组最后一次活动中，有些组员表示希望小组还能继续下去，不舍得与大家分开。面对这种情形，小陈可采取的做法有（　　　　）。

    A. 协助组员处理小组即将结束时产生的离别不舍情绪

    B. 引导组员分享之前用过哪些知识和方法来保护自己

    C. 模拟现实情景，帮助组员巩固在小组中的学习成果

    D. 回顾小组服务的过程，鼓励和肯定每位组员取得的进步

    E. 鼓励组员澄清自己的问题和需求，并一起讨论如何应对

13. 驻校社会工作者小陈为有人际交往困境的学生开展小组，组员由不同类型的学生构成，以期实现不同类型学生的相互尊重、接纳。小组活动已开展3次，小陈评估后发现，一些组员已经开始意识到自己的问题，有了改变的动机，但小组动力还未形成，组员小强和小刚依然盛气凌人，对同学冷嘲热讽，小组其他成员的情绪受到影响。小陈决定在下次小组活动中，运用直接干预法开展工作。小陈适宜的做法有（　　　　）。

    A. 通过自身权威和组员之间的相互信任，提升组员士气

    B. 与组员重新讨论小组的规范，警告小强、小刚的行为

    C. 布置家庭作业，要求组员做两件彼此共同关心的事情

    D. 通过小组前后自画像对比，奖励发生正向改变的组员

    E. 培育小组冲突的协调者，鼓励组员对此问题进行讨论

14. 社会工作者小欣拟为中学生开设预防校园欺凌教育小组，旨在增强中学生对欺凌危害的认知，预防校园欺凌事件。小组开设前期，她对中学生进行问卷调查，并选择部分学生进行访谈，了解他们对于欺凌的看法。在小组进行时，她请组员多次填写欺凌认知量表，监测其认知变化，此外还请组员填写了小组满意度问卷。上述小欣的工作内容属于（　　　　）。

    A. 组前计划评估   B. 小组需求评估

    C. 小组过程评估   D. 小组效果评估

    E. 小组目标评估

15. 社会工作者老赵面向社区志愿者开设了主题为"守护家园"的小组，通过培育和挖掘当地志愿者资源，盘点资源并绘制社区资源图，分析和讨论社区问题的解决方法，提升社区志愿者参与和改变社会环境的能力。下列老赵的做法中，体现"社会目标模式"实施原则的有（　　　　）。

    A. 运用跨专业知识和技巧，控制小组的发展方向

B. 帮助社区志愿者重建并适应新的社会关系网络
C. 培养小组带头人，提升其推动社区变迁的能力
D. 培养并提升小组组员的社会意识和社会责任感
E. 发展组员社会行动、社区参与和自我发展的能力

参考答案

一、单项选择题

1. D	考点：	小组结束阶段之"社会工作者的任务"
2. B	考点：	小组工作的成熟阶段
3. B	考点：	小组工作模式中的互动模式
4. C	考点：	"主持小组讨论"的小组工作技巧
5. D	考点：	提问的技巧
6. A	考点：	社会目标模式的实施原则
7. C	考点：	小组成熟阶段社会工作者的角色和责任
8. D	考点：	互动模式的实施原则
9. A	考点：	小组经验分享环节的设计技巧
10. D	考点：	小组需求评估

二、多项选择题

11. ABC	考点：	小组开始阶段社会工作者的任务中的"塑造信任的小组气氛"
12. ACD	考点：	小组结束阶段社会工作者的任务
13. ABD	考点：	小组治疗技巧的直接干预法
14. BCD	考点：	小组工作的评估类型
15. CDE	考点：	社会目标模式的实施原则

第七章

社区工作方法

7

【本章复习提示】

　　本章主要聚焦于社区工作方法，考查社区工作的目标、地区发展模式、社会策划模式和社区照顾模式的特点及实施策略、社区工作各阶段的工作重点和社区工作的常用技巧等内容。考生复习时应注重以下几个方面：1. 理解社区工作的核心概念，包括社区工作的特点和目标，以及不同社区工作模式的含义和假设。2. 掌握社区工作模式的特点和实施策略：重点是深入理解地区发展模式、社会策划模式和社区照顾模式的实施策略，并能够根据不同社区工作情景选择合适的策略。3. 理解社区工作从进入社区到工作评估各个环节的重点。4. 熟练运用建立和发展社区关系、发展社区支持网络、社区教育、动员群众和运用传播媒介的技巧。5. 对知识点的掌握应达到对社区工作案例情景的应用性考查的程度，建议结合本章习题中的案例情景，提高分析和应用社区工作方法的能力。

单元 1 基础题

一、单项选择题

1. 某老旧小区以老年人和租户为主，水电管线等基础设施老化，服务设施配套不全。没有物业管理服务，社会工作者老王计划运用社会策划模式，协助居委会将小区纳入明年政府老旧小区改造的名单。老王研读和分析相关文件规定，掌握了准入条件；通过逐户走访，宣传改造给居民带来的好处，摸清了居民对小区改造的要求和承受能力；还与同事一起分析和预测老旧小区改造政策变化的趋势，以及本小区改造所面临的机会、竞争和障碍。从社会策划模式实施策略的角度看，上述老王的工作属于（   ）。

    A. 问题分析和界定　　　　　　B. 需求评估与确定

    C. 方案比较和选择　　　　　　D. 环境和形势分析

2. 为促进残障青年平等参与社会，居委会联合物业公司根据残障青年的身体特点，将一些保洁工作交由他们承担。在工作过程中，部分保洁人员聚在一起讨论"这些人应该待在家里，在这儿其实也干不了啥"。针对这种情况，社会工作者宜采取的做法是（   ）。

    A. 以维系和谐关系为前提，为残障员工提供职业技能培训

    B. 以保障残障人士权益为前提，倡导接纳和包容残障人员

    C. 以遵循专业原则为前提，为残障员工提供心理疏导

    D. 以促进社会公正为前提，推进社区无障碍环境改造

3. 某街道社工站了解到辖区共有 30 多个社区社会组织，多为文体团队和志愿者团队，为了提高各团队负责人的领导力，社会工作者采用工作坊的方式开展培训。该工作坊的培训重点应聚焦于（   ）。

    A. 学习民主协商的方法　　　　B. 掌握活动策划的原理

    C. 提高撰写报告的能力　　　　D. 了解财务管理的规范

4. 近期因电动车电池老化引发的火灾事件频发，某社区为此制定了居民公约，倡议居民把电动车停放到规定的场所，大部分居民积极响应，电动车上楼现象得到有效治理，上述过程体现了社区对居民行为的主要影响是（   ）。

    A. 社区居民具有共同的利益诉求　B. 社区居民对社区具有归属感

    C. 社区居民受到社区规范的约束　D. 社区居民对社区具有认同感

5. 社会工作者小魏面向本地区商户开展了一系列宣传工作，动员他们为社区行动不便的居民提供上门服务。小魏的做法体现出的社区工作具体目标是（   ）。

    A. 培养民主精神　　　　　　　B. 尊重社区自决

    C. 善用社区资源　　　　　　　D. 提高居民能力

6. 某社区社会工作者定期为老人举办公益论坛活动。今年 3 月，社会工作者特邀媒体记者介绍了"老人摔倒无人扶"的现象以及"青年人担心做好事反成被告"的顾虑。老人参与论坛后感触很多，于是社会工作者顺势引导他们开展讨论，并促成他们向全社区1200 多位老人发出倡议：主动与青年人接触，说明老年人对该问题的看法，消除社会误解，共同维护社会道德。社会工作者的上述工作实现的过程目标是（   ）。

    A. 实现社会管理　　　　　　　B. 促进社区互动

C. 提升社会意识　　　　　　　D. 推进社区照顾

7. 某社区周边有几处野草丛生的空地，堆满了杂物和垃圾，居民要求整治的呼声较高。为此，社会工作者小李邀请物业公司和居民代表进行议事协商，共同设计了空地整治和美化方案，并动员居民一起参与杂物清理、花草种植和后期认养，以及花园维护制度建设。从地区发展模式的角度看，小李在上述工作过程中所扮演的角色是（　　）。

A. 顾问　　　　B. 协调者　　　　C. 技术专家　　　　D. 方案实施者

8. 社会工作者小顾在某异地安置社区开展服务，他发现多数孩子的父母都在附近的制造业工厂上班，工作强度大且经常加班，几乎没有时间和精力关心子女成长。不少孩子初中毕业后没能升学，无所事事，经常在社区聚众滋事，打架斗殴，破坏公物。针对此情况小顾设计了一个服务社区青少年的方案。根据方案目标，小顾制定了若干行动策略。下列策略中，最符合"可接受性"指标的是（　　）。

A. 开展兴趣小组，发现青少年的潜在能力

B. 组织志愿服务，培育青少年的公益精神

C. 提供亲职课程，教导家长亲子沟通的技巧

D. 链接辖区资源，为家长提供职业技能培训

9. 某老旧小区由于历史原因成了无物业管理的弃管小区，存在私搭乱建、污水乱流、垃圾乱扔等问题。社会工作者在描述社区问题时，除了关注社区问题的实际表现，还应重视（　　）。

A. 社区居民对社区问题的感知察觉　　B. 基层政府对社区问题的评价判断

C. 社会工作者对该问题的专业判断　　D. 相关部门解决该问题的政策指引

10. 某社会工作服务机构承接了民政部门委托的"社区会客厅"建设项目。为了推进项目实施，机构负责人拜访了项目拟落地社区的居委会主任，向其介绍机构和项目概况，也询问了居委会工作团队的情况，期望得到支持。通过交谈，机构负责人认为该居委会主任性格开朗，事业心强，基层工作经验丰富，愿意尝试新事物。双方沟通顺畅，对未来合作充满信心。从建立和发展社区关系的角度看，机构负责人上述活动的重点是（　　）。

A. 了解对方组织运作情况　　B. 分析两个组织之间关系

C. 寻找各自可获得的利益　　D. 强化规范双方合作关系

二、多项选择题

11. 某社会工作服务机构采用社区照顾模式为精神障碍康复者提供服务，该机构采用社区倡导的策略，力求让社区照顾模式能够更有效地配合服务对象需要，并保障服务质量。下列做法中，属于社区倡导措施的是（　　）。

A. 收集就业信息，为有劳动能力的精神障碍康复者提供就业机会

B. 提供培训课程，帮助家属学习与精神障碍康复者沟通交流的技巧

C. 开展社区教育，帮助社区居民正确了解精神障碍康复者身心特点

D. 成立自助小组，鼓励患者及家属勇于向社区表达合理需求

E. 组织社区活动，促进居民接纳和关怀精神障碍康复者

12. 在一次社会工作者召集的社区居民座谈会上，王大爷说："我觉得咱们社区的健身设施太旧了，有几个还是坏的，能不能想办法换一批啊？"李大妈说："对啊，而且我还听说咱们旁边的那个小区就比咱们的好，社区组织的各种活动也多，咱们这方面有点儿落

后啊。"上述居民的需要包括（　　　）。

A. 规范性需要　　　　　B. 表达性需要　　　　　C. 感觉性需要

D. 比较性需要　　　　　E. 特殊性需要

13. 为了在社区推动"三社联动"服务工作，某街道办事处根据社区需求建议社会工作服务机构开展社区服务。在进入社区之前，该机构的社会工作者应该做好的准备工作有（　　　）。

A. 了解社区存在的问题和绘制社区地图

B. 了解机构对该项工作所持的基本立场

C. 了解社区的主要活动内容和形式

D. 了解机构在社区的知名度和影响力

E. 了解机构对该项工作的分工和自己的职责范围

14. 小区物业管理公司是社区工作者经常打交道的合作单位之一，为了充分认识物业管理公司，社会工作者应了解的情况有（　　　）。

A. 物业管理公司的财务收支账目　　　B. 物业管理公司的社会责任意识

C. 物业管理公司的人事考勤记录　　　D. 物业管理公司的发展目标和组织结构

E. 物业管理公司关键决策人的价值取向

15. 地区发展模式强调在一个较大的社区范围内鼓励社区居民通过自助或互助的方式，广泛参与社区事务，解决社区问题，推动社区发展。其优点有（　　　）。

A. 营造良好的社区气氛　　　　B. 提高居民的能力

C. 高效率　　　　　　　　　　D. 切合中国文化传统

E. 推进社区民主

参考答案

一、单项选择题

1. D　　　　考点：社会策划模式的实施策略

2. B　　　　考点：社区照顾模式的特点

3. A　　　　考点：社区带头人培训的目标

4. C　　　　考点：社区的功能之社会控制的功能

5. C　　　　考点：社区工作的具体目标

6. C　　　　考点：社区工作的过程目标

7. B　　　　考点：地区发展模式中社会工作者的角色

8. B　　　　考点：评估策略的指标

9. A　　　　考点：社区问题分析

10. A　　　　考点：建立和发展社区关系的技巧

二、多项选择题

11. CDE　　　考点：社区照顾模式的实施策略

12. CD　　考点：社区需要分析
13. BDE　　考点：进入社区之前的准备
14. BDE　　考点：建立和发展社区关系的技巧
15. ABDE　考点：地区发展模式的优点

单元 2　提高题

一、单项选择题

1. 某居委会实施老旧小区微改造项目，重点对废旧自行车占道问题进行整治，社会工作者对废旧自行车进行摸排登记，在与居民签署知情同意书的基础上，用米面油兑换废旧自行车的方法，清理废旧自行车 20 余辆，居民刘阿姨说："现在看不见那些破车了，楼道变宽敞了！"从社区工作目标分类的角度看，刘阿姨的反馈说明上述工作实现了（　　）。

A. 考核目标　　　B. 过程目标　　　C. 任务目标　　　D. 绩效目标

2. 某社区内既有居民住房也有门店商铺，人流密集、业态丰富，居民经常反映商户经营扰民，商户则认为居民不通人情，社区矛盾凸显。社区党组织根据该社区的特点，积极探索建立党建引领、多方参与、共治共享的"居商联盟"治理体系。下列社会工作者的做法中，最能体现地区发展模式实施特点的是（　　）。

A. 举办座谈会，促进居商沟通，提升互谅共融意识
B. 组织网格员，定期开展巡查，摸排门店安全隐患
C. 联系消防站，组织灭火演练，提高门店应急能力
D. 召开议事会，讨论居民公约，培养居民契约精神

3. 下列社会工作者的做法中，属于评估"表达型需要"的是（　　）。

A. 询问张奶奶是否需要社区为老人提供助餐服务
B. 检索并阅读老人助餐服务的标准和研究报告
C. 考察同类型社区的老人助餐服务的开展情况
D. 观察社区食堂在中午用餐时段的排队等候情况

4. 社区照顾模式的实施策略强调协助困难群体在社区中重建支持网络。关于"服务对象自助网络"的说法，正确的是（　　）。

A. 网络成员因为遭遇突发事故而抱团取暖
B. 网络成员志同道合，彼此鼓励，组团服务社区居民
C. 网络成员来自多部门，发挥各自优势帮扶服务对象
D. 网络成员一般具有相类似的困难和问题

5. 社会工作者在儿童友好社区建设中，除要关注社区儿童活动设施、场地的建设，更重要的是应关注儿童对社区的认识，引导其参与社区事务，鼓励其承担社区责任，培养其成长为具有社区关怀精神的新一代"社区人"。关于社区工作目标的说法，正确的是（　　）。

A. 社区工作的过程目标应更加具体、明确且实际

B. 社区工作的最终理想是帮助社区建立集体能力

C. 社会工作的过程目标与任务目标在实践上完全契合

D. 促进社区居民参与社区建设是社区工作的任务目标

6. 某社会工作服务机构准备为所在地区的农村留守儿童提供服务，机构的社会工作者采用宏观社会工作视角，对当地留守儿童问题的成因进行分析。下列成因分析结果中，最能体现社区工作方法特点的是（   ）。

A. 留守儿童缺乏提升抗逆力的机会　　　　B. 父母缺乏陪伴儿童成长的养育理念

C. 照顾者缺乏科学养育儿童的方法　　　　D. 当地缺乏鼓励村民就业和创业的政策

7. 社会工作者老李 2025 年度的重点工作是为社区癌症患者提供系列服务，提升该群体的生活质量。老李在对上述工作进行成果评估时，应该重点关注（   ）。

A. 完成服务提供的各项成本　　　　　　　B. 各类服务活动的进度安排

C. 服务资金的具体支出情况　　　　　　　D. 服务目标达成情况及原因

8. 某社区附近河堤周边杂物堆积、污染严重，社区居民和辖区单位都深受其害，整治河堤周边的污染成为老大难问题。针对该问题，社会工作者进行了多次调研。在一次专题讨论会上，社会工作者小李提出，居民对污染问题虽有抱怨，但他们也希望参加整治行动。从社区问题分析的角度看，小李所提观点的出发点是（   ）。

A. 明确问题影响范围　　　　　　　　　　B. 寻找问题解决动力

C. 理解居民体验感受　　　　　　　　　　D. 探讨问题解决方法

9. 某物业管理的老旧小区楼道内存在乱贴小广告、卫生无人打扫等问题。社会工作者小吴计划组织居民代表开会讨论解决方案。居民王阿姨和李阿姨都表示自己水平有限，发挥不了什么作用，犹豫是否参加会议。此时，小吴适宜的做法是（   ）。

A. 说明会议时间大约一个小时，不会占用她们太多时间

B. 告诉两位阿姨她们都熟悉的张大爷会来帮忙主持会议

C. 承诺开会讨论一定会有效解决问题

D. 解释部分居民无法参加会议的原因

10. 甲："社区内的新组织应该尽快与已有的组织建立关系，为未来的交往铺路。"

乙："在交往过程中要积极与其他组织沟通，协助他们了解各自可能从合作中获得的利益，减少不必要的误会。"

丙："尝试寻找在合作时各自可能获得的利益，以加大交往的动力。"

丁："在必要时，合作各方可以签订合作协议或备忘录，清晰地界定共同的目标以及各方的责任，尽量避免不必要的拖延、误会和冲突。"

甲乙丙丁四人陈述中，不属于组织之间交往可遵循一般性的准则的是（   ）。

A. 甲　　　　　　B. 乙　　　　　　C. 丙　　　　　　D. 丁

二、多项选择题

11. 下列表述中，体现社区照顾模式中"由社区照顾"的服务内容有（   ）。

A. 动员志愿者访问独居老人，帮助其打扫卫生

B. 设立热线电话，为居民提供及时的支援和帮助

C. 建立老人日间照顾中心，缓解家人照顾的压力

D. 成立癌症病人的康复互助小组，促成彼此支持

E. 安排康复护士定期上门服务，为不能自理老人翻身拍背

12. 某社会工作服务机构计划进入某老旧小区开展综合服务。在进入社区阶段，为了让社区认识自己，与社区建立良好的关系，社会工作者可以（　　）。

A. 参加社区在节假日举办的活动，争取亮相

B. 与同事互相了解，建立默契

C. 出面主办一些社区活动，邀请居民和其他社区团体参加，借此宣传机构的服务

D. 不定期出版工作简报，并利用微博、微信等互联网平台及时发布动态信息

E. 采取登门拜访的方式，接触居民骨干或潜在的服务对象

13. 某社会工作服务机构与社区居委会合作，通过动员居民参与的方式，将社区卫生死角改造成小花园，并邀请辖区内园区设计工作室给予技术指导，在与该工作室接触时，社会工作者发现工作室将居民参与限定在为花园建造出工出力，这与机构希望居民全程参与的初衷不一致。为了求同存异，社会工作者在与工作室接触时适宜运用的技巧有（　　）。

A. 挖掘各自优势，减少有分歧的话题

B. 重申服务居民立场，力争达成共识

C. 持续施加压力，提高彼此沟通效率

D. 争论不休时，坚持对事不对人原则

E. 适时运用妥协，限定居民参与范围

14. 社会工作者小高希望在自己工作的社区为独居老人建立社会支持网络。为此，小高适宜采取的做法有（　　）。

A. 基于正式关系选择网络成员　　　B. 尽量维持网络成员的同质性

C. 发掘和组织社区志愿者参与　　　D. 遵循传统规则，不打破惯例

E. 组建独居老人自助互助小组

15. 某社会工作服务机构接受街道办事处委托，在辖区内推动垃圾分类工作，实现生活垃圾减量化、资源化和无害化。社会工作者小王带领同事在街头设立宣传站，动员居民参与，但有部分居民表示垃圾分类给自己增添麻烦，不想参加相关活动。此时小王适宜的做法有（　　）。

A. 聆听居民的意见，体谅他们担心添麻烦的顾虑

B. 不与对方争辩，尊重他们不愿参与活动的决定

C. 据理力争，强调进行垃圾分类是履行公民义务

D. 举例说明垃圾分类的意义，动员居民积极参加

E. 通知对方的工作单位，让其领导说服居民参与

参考答案

一、单项选择题

1. C　　　考点：社区工作目标分类之任务目标

2. A　　　考点：地区发展模式的实施特点

3. D 　　考点：社区需要分析

4. D 　　考点："由社区照顾"模式的支持网络

5. B 　　考点：社区工作的目标

6. D 　　考点：社区工作的特点

7. D 　　考点：社区工作评估

8. B 　　考点：认识社区中的社区问题分析

9. B 　　考点：说服居民参与的技巧

10. C 　　考点：组织间交往的一般准则

二、多项选择题

11. ABD 　　考点：由社区照顾的服务内容

12. ACDE 　　考点：社区建立关系的技巧

13. AD 　　考点：活用组织接触的技巧之"求同存异，加强沟通"

14. CE 　　考点：发展社区支持网络的方法

15. ABD 　　考点：说服居民参与的技巧

单元 3 　易错题

单项选择题

动员和管理资源是社区工作服务计划实施的重点，下列社会工作者的做法中，属于"资源链接"的是（　　）。

A. 分析周边商户业态和日常表现，发现潜在资源

B. 与辖区高校签约，组织大学生志愿者服务社区

C. 召开共建单位联席会议，寻找活动物资赞助方

D. 统计社区志愿者服务时数，每季度进行表彰

参考答案

单项选择题

B 　　考点：动员和管理社区资源的工作

　　解析：根据教材知识点，对社区资源的管理包括对资源现状的分析、资源开发、资源的链接以及维系等方面的工作。本题选项 A 属于资源分析，即社会工作者需要了解自己现有的资源，即自己现在所拥有或能够调动的资源的类型、数量、质量、便利程度、使用成本等，并将这些信息与实施社区工作计划所需要的资源进行对照，以便及时了解目前在资源方面的欠缺。选项 C 属于资源开发，即采用寻找赞

助、私人劝募、公益募款等方式筹措资金。选项 D 属于资源维系，均不符合题意。资源链接是指除了社会工作者及其机构所掌握的资源，社区内外往往还有其他个人、组织和机构拥有不同的资源，将这些资源链接起来互通有无，故应选 B。易错点分析：招募志愿者时，资源开发通常是指社会工作者及其机构通过发布广告、张贴海报、散发传单等方式向社区或社会公开招募。而资源链接是指除了社会工作者及其机构所掌握的资源，再将社区内外的个人、组织和机构拥有的不同资源链接起来互通有无。在本题情境中，与辖区高校签约，组织大学生志愿者服务社区这一做法，更符合资源链接的概念。

单元 4　闯关题

一、单项选择题

1. 某街道社工站策划了"共享园艺，爱我社区"居民骨干培养项目，旨在社区组建一支居民骨干队伍，带领居民"装点小楼门，美化大社区"。社会工作者在培养居民骨干时，一般会从态度、知识和行为 3 个方面促进居民骨干的成长和进步。下列做法中，能够促进其知识改变的是（　　）。

A. 协助居民骨干强化社会互助价值观　　B. 帮助居民骨干提高分析问题的能力

C. 指导居民骨干学会表达关怀的方法　　D. 教导居民骨干练习主持会议的技巧

2. 社会工作者拟运用地区发展模式分析社区问题。下列做法中，符合该模式实施特点的是（　　）。

A. 基于社会工作者专业判断来决定行动方案

B. 请相关领域专家对问题成因进行科学分析

C. 依据上级部门的要求来评估问题的紧迫性

D. 引导居民对问题进行讨论并逐渐达成共识

3. 社会工作者小关针对社区中的"广场舞扰民"问题召开居民会议，引导居民就"广场舞扰民"的"问题大小"和"严重性"进行了讨论。从社区分析的角度看，小关的做法属于（　　）。

A. 探寻问题起源　　B. 界定问题　　　C. 明确问题范围　　D. 描述问题

4. 在社区照顾模式中，社会工作者扮演多重角色。下列做法中，体现社会工作者"经纪人"角色的是（　　）。

A. 为听障儿童家长提供沟通技巧训练

B. 为听障儿童家长提供情绪支持服务

C. 为听障儿童及其家长联系特殊教育学校

D. 为听障儿童家长自助小组提供发展建议

5. 某社会工作服务机构承接了某街道办事处"社区微治理"项目，计划在 4 个社区开展服务。为了尽快进入社区，让社区居委会和社区居民认识并熟悉自己，社会工作者最适宜采取的工作方式是（　　）。

  A. 了解居民的生活习惯   B. 观察社区周边的环境

  C. 参加社区的传统活动   D. 分析社区的权力结构

6. 某社会工作服务机构进入地震灾区，参与灾后重建工作。团队成员开会商议社会工作服务方案，其中关于"可行性"的讨论，主要强调服务推动应（　　）。

  A. 参照其他机构做法   B. 符合机构宗旨目标

  C. 展示机构优势特征   D. 拥有足够资源支持

7. 社会工作者小吴带领项目团队在某村开展为期3年的服务，根据当地农牧业生产特点和村落文化，先后推动成立了"养羊协会"，开办了"农家棋牌室"，并邀请能人传授木雕制作技艺。近期，机构要对项目进行整体评估。下列评估内容中属于成果评估的是（　　）。

  A. "农家棋牌室"的经费支出 B. 小吴管理项目团队的表现

  C. "养羊协会"入会人员数   D. 木雕制作课程的进度情况

8. 关于社会策划模式的说法，正确的是（　　）。

  A. 相信社区居民能够通过讨论协商，互助合作解决社区问题

  B. 通过运用专业知识和科学决策，自上而下地推动社区改变

  C. 重视动员亲戚、朋友、邻里和志愿者等资源帮助社区困难群体

  D. 致力于帮助居民重视社区参与的重要性，并愿意承担责任、贡献社区

9. 社会工作者在社区工作中通常要与各种组织建立互信的关系，以便协同解决社区问题。关于与组织交往的做法，正确的是（　　）。

  A. 根据组织之间的关系变化随时调整自己组织的形象

  B. 努力说服不同意见的组织认同自己组织的立场

  C. 在合作过程中尽量了解各自的共同利益所在

  D. 避免通过中间组织与其他组织交往

10. 70岁的张大爷患有尿毒症，每月需到医院透析3次，仅靠微薄的退休金生活。他离异多年，没有子女，他的侄子每月探望他一次。张大爷因身体不好，较少出门，与周围邻居关系一般。社会工作者小刘通过入户走访，了解到张大爷的困难，拟帮助他建立社会支持网络。下列小刘的做法中，属于强化张大爷正式支持系统的是（　　）。

  A. 联系社区志愿者，为张大爷组建邻里帮扶小组

  B. 联系公益基金会，协助张大爷申请大病救助金

  C. 联系张大爷的侄子，建议其每周探望以及照料基本生活

  D. 联系楼门长，请他关注张大爷日常生活并给予必要支援

二、多项选择题

11. 某社会工作服务机构应邀参与某城区推进的"15分钟社区生活圈"建设行动，与居委会合作确定该社区实施方案。社会工作者根据社会策划模式，采用不同方法确定社区需要。下列做法中，运用社会指标方法来评估需要的有（　　）。

  A. 通过专业认可的标准分析需要 B. 通过问卷调查服务对象需要

  C. 通过社会认可的标准分析需要 D. 通过焦点小组座谈确立需要

  E. 通过深度访谈居民来评估需要

12. 为了更好地了解社区居民的感觉型需要，社会工作者可以采取的收集资料方法有（　　）。

　　A. 查阅社区居委会的工作会议记录

　　B. 非参与式观察社区居民的日常生活

　　C. 对社区居民进行面对面访谈

　　D. 采用问卷调查法收集社区居民的意见

　　E. 在社区网上论坛收集居民反映的问题

13. 某社会工作服务机构设计了"小小侦察兵"项目，动员社区里的青少年找出社区安全隐患，参与社区治理。在项目执行工作的开展阶段，该机构需要完成的任务有（　　）。

　　A. 明确人员的职责范围　　　　　　　B. 做好危机情况的应对预案

　　C. 控制和管理经费支出　　　　　　　D. 根据实际情况灵活处理工作

　　E. 及时撰写总结报告

14. 关于社区资源维系原则的说法，正确的是（　　）。

　　A. 以社区需求为前提使用资源，避免浪费

　　B. 充分发挥社区骨干居民作用，能者多劳

　　C. 向捐赠者报告资源使用情况，展示诚信

　　D. 加强社区资源统筹协调，进行合理配置

　　E. 资源的使用公开透明，争取社会的认可

15. 下列做法中，能够体现社区工作特点的有（　　）。

　　A. 运用倡导手段，呼吁政府出台相关的政策

　　B. 分析社区问题，发现居民能力不足是关键

　　C. 关心社区居民，维护困难群体的合法权益

　　D. 聚焦个人问题，从家庭结构角度进行干预

　　E. 探究问题根源，发现现有社会服务的不足

参考答案

一、单项选择题

1. B　　　考点：社区教育技巧中的"社区教育的目标"

2. D　　　考点：发展模式的实施特点

3. C　　　考点：社区问题分析

4. C　　　考点：社区照顾模式中社会工作者的角色

5. C　　　考点：进入社区的方式

6. D　　　考点：制订社区工作计划中制定策略的步骤之一：评估策略

7. C　　　考点：评估的分类

8. B　　　考点：社会策划模式的特点

9. C　　　考点：组织间的交往准则

10. B　　　考点：社会支持网络的类型

二、多项选择题

11. AC   考点：社会策划模式的实施策略中的"评估需要的主要方法"
12. CDE   考点：社区需要分析
13. BCD   考点：开展阶段的工作内容
14. ACD   考点：实施社区工作计划中动员和管理社区资源：资源维系
15. ACE   考点：社区工作的特点

第八章

社会工作行政

【本章复习提示】

　　本章主要介绍社会工作行政的基本概念以及机构管理的理论、方法途径等。考试要点主要包括社会工作行政的基本概念、社会工作者管理的基本要素、机构管理结构以及督导等。对于基本概念，考生必须熟记。考生要在熟记的基础上，从考卷出题特点出发，准确掌握相关概念在实务领域的变化。特别注意容易被忽视的一些考点，例如社会工作机构的人力资源管理与志愿者管理的区别、财务与筹资管理等。

单元1 基础题

一、单项选择题

1. 某社会服务机构近期调整了战略规划,分析评估当前的内外部环境,结合未来发展方向,带领团队更好地走出困境。该机构首先开展了需求评估,明确了机构使命,对未来发展趋势进行了预测,并制定了机构的战略目标。接下来,该机构还需要开展的工作有(   )。

A. 认识机构的局限性　　　　　　　　B. 了解其他机构的新做法

C. 认识环境的多变性　　　　　　　　D. 确定机构的服务目标

2. 关于社会服务方案策划的说法,正确的是(   )。

A. 策划分为问题分析、需求评估、方案制订、行动计划四个阶段

B. 策划由选择最有效的行动策略和设计具体的服务构想两部分组成

C. 确定理想可行方案后,就可决定资源总需求并进行资源争取工作

D. 在制订行动计划过程中要讨论多种可行方案,并分析限制性因素

3. 某社会工作服务机构初次进入社区开展居家养老服务。为了加强与社区其他组织的交往,该机构适宜的做法是(   )。

A. 在作出一定成绩后再加强与其他组织交往

B. 主动邀请其他组织参加本机构举办的活动

C. 与其他组织交往时需确保本机构利益的最大化

D. 与其他组织合作时通过口头承诺界定多方责任

4. 地处发达地区的某社会工作服务机构响应国家号召,结对帮扶欠发达地区的社会工作服务机构。援派机构的资深社会工作者从加强机构能力建设入手,与当地机构的中高层管理团队一起讨论未来3~5年的社会服务政策导向和发展趋势,共同为当地机构制订工作计划。从社会工作服务机构规划的内容层次看,上述工作完成的是(   )。

A. 使命宣言　　　　B. 策略性计划　　　　C. 项目目标　　　　D. 运作性计划

5. 社会工作专业服务不同于一般社会组织以及企业。它秉承利他主义价值观念,承载着推动社会正义的使命。机构的使命通常以宣言的形式向外宣布。一般来讲,使命和宣言是由社会服务机构的(   )来拟定。

A. 决策者和高层管理者　　　　　　　B. 决策者和中层管理者

C. 监督者和高层管理者　　　　　　　D. 监督者和中层管理者

6. 某养老机构在拟定整体规划时,强调要为有需要的老人提供心理疏导和人文关怀服务。下列表述中,属于运作性计划的是(   )。

A. 促进入住老人的身心健康发展　　　B. 协助老人同家属每日在线沟通

C. 协调跨专业团队提供全面照顾　　　D. 对有需要的老人开展危机干预

7. 社会服务机构存在不同的类型,各种类型承担着不同的社会服务职能。面向社会无偿提供公益服务,主要承担政府规定的社会公益性服务任务的机构是(   )。

A. 社区服务中心　　　　　　　　　　B. 非营利性医疗机构

C. 残疾人联合会　　　　　　　　　　D. 救助管理站

8. 在社会服务机构中，机构组织目标实现的必要条件是组织成员的优异表现，所以服务机构期望组织成员拥有良好的服务技术和能力，可以获得较好的服务绩效。这些可以通过（　　）来帮助机构组织实现。

A. 制订服务方案   B. 服务绩效评估

C. 人力资源管理   D. 服务过程控制

9. 某社会服务机构结合自身特点，积极开展员工团队建设，培训员工沟通与合作的意识和技巧，促进管理者与基层服务者之间的和谐沟通。这是服务机构运用（　　）的人力资源管理方式来提高机构服务效率的行为。

A. 薪酬管理   B. 培训与发展

C. 绩效评估与激励   D. 员工关系与维持

10. 刘某从部队转业到地方，地方民政局为刘某办理接收手续，并按照相关政策予以安排工作和生活相关事宜。这是民政部门在发挥（　　）的职能。

A. 权益保护工作   B. 民主工作   C. 安置工作   D. 社区工作

二、多项选择题

11. 社会工作者老王担任某乡社工站站长，带领新入职的驻站社会工作者开展工作。为了与他们建立良好的关系，促进团队合作，老王可以组织开展的工作有（　　）。

A. 带领大家探讨实现社工站服务目标的途径

B. 推动大家建立并认真落实社工站工作准则

C. 调整同事之间合作不畅的社会工作者岗位

D. 劝告主管部门勿更改社工站既定工作计划

E. 协助大家理解社工站与机构、乡镇的关系

12. 社会服务机构的资金资源关乎机构服务活动的开展，是机构服务的基本支撑。机构要长期发展需要开拓多元化的资金来源渠道，吸引多元化的资金流入。我国社会服务机构经费来源可能有（　　）。

A. 地方政府的财政拨款支持   B. 本机构的服务收入

C. 机构服务的营利收入   D. 某跨国组织的项目援助

E. 来自社会爱心人士的捐助

13. 不同机构领导者的影响力有所不同，社会服务机构由于其非营利的性质，领导者影响力的来源有其自身的特色。在社会服务机构中领导者的影响力来源一般有（　　）。

A. 领导者本人的魅力   B. 领导岗位赋予的权力

C. 领导者的专业能力   D. 领导者的成就感

E. 领导者的学历

14. 人力资源和社会保障部在提高社会整体福利水平、促进社会保障全面发展方面的工作主要包括（　　）。

A. 起草相关法律法规草案   B. 统筹城乡社会保障体系

C. 统筹劳动保护工作   D. 城乡社会救助工作

E. 统筹社会保护工作

15. 社会工作者在策划项目时，一方面要考虑服务对象的问题和需求，另一方面要考虑资源保障的状况。为争取机构管理者支持，社会工作者在策划时还应当考虑（　　）。

A. 服务项目实现和达成目标的程度　　B. 服务项目目标是否与机构目标一致

C. 服务项目是否符合政策要求　　　　D. 机构的资源是否充足可用

E. 服务项目是否是机构所必须提供的

参考答案

一、单项选择题

1. D	考点:	社会服务机构的规划
2. C	考点:	社会服务方案策划
3. B	考点:	社会服务机构公共关系管理
4. B	考点:	社会工作计划
5. A	考点:	社会服务机构的规划
6. B	考点:	社会服务机构的计划
7. D	考点:	社会服务机构的性质
8. C	考点:	社会服务机构人力资源管理
9. D	考点:	社会服务机构人力资源管理
10. C	考点:	民政部门在社会福利和社会治理方面的职能

二、多项选择题

11. ABC	考点:	社会服务机构的领导方式
12. ABDE	考点:	社会服务机构的资金来源
13. ABC	考点:	社会服务机构领导的特征
14. ABC	考点:	人力资源和社会保障部在社会服务和社会保障方面的职能
15. BCDE	考点:	社会服务方案策划

单元 2 提高题

一、单项选择题

1. 社会工作者小马计划在某社区开展一个针对未就业青年的服务项目，并积极争取基金会资助。在项目设计阶段，小马在充分了解未就业青年的问题和需求后，接下来首先要做的工作是（　　）。

A. 制定项目工作目标　　　　　　B. 规划项目服务内容

C. 确定项目评估方法　　　　　　D. 编制项目资金预算

2. 某社会工作服务机构初创时只有 1 名创始人兼中心主任，带领 2 名社会工作者深入社区开展儿童服务。经过 6 年的发展，机构工作人员发展到 20 名，服务也从当初的儿童服务，拓展到街道社会工作者服务、社区社会组织培育等多个方面。机构决定由原来的直线式组织结构调整为职能式组织结构。为此，该机构应该采取的改革措施是（　　）。

  A. 授予中心主任更大的指挥权 B. 管理人员下沉开展一线服务

  C. 按业务划分部门并加强联动 D. 成立分支机构拓展服务城市

  3. 某社会工作服务机构负责人在一次员工座谈会上发现，部分社会工作者因服务失智症老人成效不明显，缺乏工作成就感，出现了倦怠现象，需要采取激励措施。从重视员工个别差异的角度出发，机构最适宜采取的激励措施是（　　）。

  A. 为能力强的员工重新设计岗位 B. 让员工对自己的福利待遇提出建议

  C. 提供机会让员工参与机构决策 D. 让员工共同讨论老人服务发展策略

  4. 社会工作者老范负责服务社区精神障碍康复者。她除了有计划开展个案辅导，面向家庭照顾者开展小组服务，还组建社区志愿者队伍定期探访服务对象。她所在的社会工作服务机构负责人认为老范是位具有高度自主性且能力强的员工，应对其进行激励，负责人最适宜的做法是（　　）。

  A. 转换工作岗位 B. 增加工作量

  C. 激发工作动机 D. 工作再设计

  5. 社会工作者在某社区深入开展助老服务，组建了多方参与的志愿服务队伍，并进行管理。在志愿服务人力资源管理的规划中，社会工作者评估志愿者队伍现状，设定中长期发展目标，制订了服务方案。接下来，社会工作者还需开展的规划工作是（　　）。

  A. 编制志愿服务预算 B. 编写志愿服务说明书

  C. 起草志愿服务章程 D. 制定志愿服务伦理守则

  6. 某社会工作服务机构本年度预算为 100 万元，计划在来年开展新项目。在编制来年财务预算时，理事会讨论决定以 100 万元作为基础，渐进提高预算金额，规划预算金额为 120 万元。上述机构编制财务预算所采用的方法是（　　）。

  A. 单项预算法 B. 直线预算法 C. 方案预算法 D. 零基预算法

  7. 为了展现公信力，某社会工作服务机构在 2022 年的年度报告中，除了说明机构履行社会责任和义务的情况、机构内部组织结构建设、社会工作者的持证状况和工作表现以及年度财务报告等内容，还应包括（　　）。

  A. 政治交代 B. 服务交代 C. 行政交代 D. 专业交代

  8. 某社会服务机构成立时，就把"服务交代"作为机构公信力建设的核心策略。为落实此策略，该机构应该（　　）。

  A. 及时发布机构财务收支报告 B. 公布服务对象的满意度情况

  C. 提供机构服务流程和内部管理的信息 D. 向媒体说明机构履行社会责任的情况

  9. 经过多年实践探索，我国社会福利行政体系的运行方式呈现出多元主体互动的局面，其特点也在发生变化。关于我国社会福利行政体系的特点，下列说法正确的是（　　）。

  A. 社会政策对象在参与政策过程中表现被动

  B. 社会服务机构能够直接主导社会福利提供

  C. 自上而下的政策主导模式限制了专业化发展

  D. 逐渐形成政府主导下的政府与社会合作方式

  10. 某市社区公益服务项目招投标工作正式启动，各社会公益组织可通过公开参与投标的方式获得服务项目资助。该项工作被视为福彩公益金资助公益服务"由拨转招"的一次改革性探索。根据上述介绍，该市社区公益服务项目招标工作直接体现我国社会福利行

政体系的 (　　) 特点。

  A. 多个部门共同参与　　　　　B. 以民政部门为主体

  C. 政府主导社会运作　　　　　D. 行政化

二、多项选择题

11. 某社会工作服务机构主管收到社会工作者撰写的项目策划书,计划招募60名志愿者,为某养老院30名失能老人撰写回忆录。该主管审批这份策划书时,需要重点考虑的有 (　　)。

  A. 该服务是否符合上级领导要求和机构的业务范围

  B. 该养老院的老人和管理层是否支持开展此项服务

  C. 机构能否在服务周期内招募到足够数量的志愿者

  D. 该服务提供后的经济效益是否大于服务成本

  E. 该服务结束后,机构是否有能力测量其效果

12. 某社会服务机构计划为某校高三学生提供考前减压服务。该机构负责人派社会工作者小王带领3名同事进行需求调研,了解学生心理需求。该阶段机构负责人适宜向小王授权的内容有 (　　)。

  A. 派小王设计一份访谈提纲并交给机构督导修改

  B. 让小王根据自己的需要随时调配其他社会工作者

  C. 让小王根据调研结果决定是否继续为该校服务

  D. 让小王担任调研组组长并全面协调调研工作

  E. 让小王制订调研方案并代表机构与校方沟通

13. 在社会服务机构中,由于多数员工是受过专业训练的社会工作者或其他专业人士,加上机构的宗旨是为服务对象谋取幸福和促进社会进步,所以领导应该具有的特征是 (　　)。

  A. 经常运用合法权力领导下属

  B. 较多运用指导、诱导方式影响下属

  C. 主要使用升职、加薪策略来鼓励下属工作

  D. 较多利用个人学识经验、吸引力来影响下属

  E. 理性地运用各种客观的事实、数据和观点来影响下属

14. 某养老机构社会工作部主管老刘发现咨询接待处的李大姐近来工作热情不高,工作态度大不如前。经了解得知,李大姐已在此岗位工作6年,同岗位的小张也工作了3年。李大姐感到工作枯燥无味,没有发展空间。为此,老刘可采取的恰当措施有 (　　)。

  A. 根据李大姐的工作能力,为其调换岗位

  B. 为李大姐调配搭档,调小张到其他部门

  C. 将业务拓展部的部分工作交给李大姐

  D. 根据李大姐的表现,为其提供带薪休假

  E. 请李大姐对机构新服务项目提出建议

15. 规范的财务管理对社会服务机构的正常运行意义重大。下列关于社会服务机构财务管理的说法,正确的有 (　　)。

  A. 组织的决策者同时也是财务决策者

B. 财务管理的目标应关注稳定及长期发展

C. 财务管理的目的是满足机构捐款人的需要

D. 通过风险投资使资本增值，为机构发起人分红

E. 通过成本分析和预算控制，提升项目运行效率

参考答案

一、单项选择题

1. A	考点：社会服务计划	
2. C	考点：社会服务机构的组织结构	
3. A	考点：社会服务机构的领导	
4. D	考点：人力资源管理中的激励	
5. A	考点：志愿服务人力资源管理	
6. A	考点：社会服务机构的财务预算	
7. B	考点：社会服务机构公信力	
8. B	考点：社会服务机构公信力管理	
9. D	考点：我国社会福利行政体系的特点	
10. D	考点：我国社会福利行政体系的特点	

二、多项选择题

11. ABCE	考点：社会服务方案策划	
12. ADE	考点：社会服务机构运作	
13. BDE	考点：社会服务机构的领导	
14. AE	考点：社会服务机构的激励措施	
15. ABE	考点：社会服务机构财务管理	

单元 3 易错题

一、单项选择题

1. 某社会工作服务机构在开展服务项目的同时，非常重视研究工作。根据社会工作研究的间接功能，下列做法中，有助于机构实现自身增能的是（　　）。

A. 走访流动儿童的家庭，撰写需求评估报告

B. 梳理长期照护险制度，提出相关政策建议

C. 评估青少年历奇小组的服务成效，提炼经验和反思不足

D. 撰写微信公众号文章，介绍家庭环境对孩子成长的影响

二、多项选择题

2. 某社会工作服务机构的社会工作者队伍相对稳定,服务持续性较好,但也有部分社会工作者因为长期在同一岗位工作且内容重复性高产生了枯燥感和倦怠感,以至于近期有个别员工产生了离职的想法。对此,机构管理者应采取的措施有(　　)。

A. 建立轮岗制度为员工调整工作岗位

B. 请员工为自己确定一个挑战性目标

C. 评估员工潜能并协助制订职业规划

D. 协助员工评估工作并丰富工作内容

E. 提高有离职想法的员工的薪酬待遇

参考答案

一、单项选择题

1. C　　考点:社会工作专业机构的增能

解析:社会工作专业机构的增能指的是机构和专业社会工作者在专业上的成长。专业成长需要总结专业实践经验,并加以提炼,在以后的服务中得以运用。故选C。

二、多项选择题

2. ACD　　考点:社会服务机构的激励措施

解析:社会工作服务机构的员工每天面对稳定的工作,容易出现工作欠缺成就感、士气低落和认为工作无意义的现象,因此,领导者如何有效适时地激励员工对服务对象的权益保护和机构目标的实现都有重要影响。社会服务机构领导激励员工的方式主要有以下几种。(1)了解员工的个别差异。管理者要充分认识这种差异,要尽可能根据个人的特点分配工作。例如,让那些既有能力又有意愿的成熟员工承担更多或更重要的工作;通过工作内容的扩展,降低员工对工作的倦怠感;对于那些具有高度自主性和足够能力的员工,可以重新设计工作职位,让他们能够有更高的自主性自行决定工作的方法和步骤,以此来满足员工的高层次需求和提高其工作动力。(2)用目标引导员工,增进其对工作的兴趣。机构管理者一般都会为每名员工确定一个特定的具有挑战性的工作目标,激励员工为实现这个目标而努力。这种外在目标的激励对多数员工都是必要和有效的,但关键在于这类目标应由机构管理者和员工共同设定,因为其一方面要考虑个人对目标的接受程度,另一方面也要考虑组织的整体目标和文化(选项B错误)。对于机构管理者而言,重要的是确认员工能够达到和实现设定的目标。社会福利机构的员工长期在工作岗位上从事同样的工作会感到枯燥乏味，因此，机构管理者可以通过工作轮换、工作任务拓展和工作丰富化来降低枯燥的感觉，也可以借此机会评估员工潜能，协助构建未来人力资源的规划（选项A、D正确）。（3）提供员工参与决策的机会。为了提升员工的士气、促进机构上下级之间的沟通以及提高员工对工作的满足感，社会服务机构的管理者应提供机会让员工参与机构决策，并允许员工对自己的福利待遇、机构的未来发展方向、机构服务推行方式等提出建议。（4）协助员工制订职业生涯发展计划。社会服务机构中每个员工都有自我实现的愿望，机构管理者要协助员工制订员工职业生涯发展计划，使其有机会评估自己的技能、潜能和事业前程，将个人目标和机构目标有机地结合起来（选项C正确）。因此，机构管理者可以通过工作轮换、工作任务拓展和工作丰富化来降低枯燥的感觉，也可以借此机会评估员工潜能，协助构建未来人力资源的规划（选项A、C、D正确）。选项E与题干无关，故不选。

单元 4　闯关题

一、单项选择题

1. 某社会服务机构开展"每天添个菜"项目，计划给欠发达地区儿童每天的午餐补贴一个肉菜，目前已有5万多名儿童从该项目中受益。该项目对当地儿童的长效影响是（　　）。

A. 机构筹集到更多的款项　　　　　B. 欠发达地区儿童每天能吃到肉菜

C. 扩大机构在当地的影响力　　　　D. 提升欠发达地区儿童的健康水平

2. 社会工作者小李正在策划一个失独家庭服务项目，准备申请政府资助。小李在准备该项目服务方案时，正确的步骤是（　　）。

A. 服务评估→问题认识与分析→目标制定→方案安排

B. 目标制定→问题认识与分析→方案安排→服务评估

C. 方案安排→问题认识与分析→目标制定→服务评估

D. 问题认识与分析→目标制定→方案安排→服务评估

3. 社会工作者在对社会服务方案进行过程评估时最关注（　　）。

A. 服务对象的满意程度　　　　　　B. 工作项目的完成情况

C. 服务对象的改变情况　　　　　　D. 工作项目的额外效果

4. 契约型社会服务组织是我国近些年出现的一种新的社会服务类型。根据我国对社会服务机构类型的划分，契约型社会服务组织的特点是（　　）。

A. 经费由国家财政全额拨款

B. 服务内容是完成政府要求的公共服务

C. 可以依法取得服务收入并将服务收入全额纳入财政管理

D. 由政府提供场地和机构自筹工资

5. 中国青少年发展基金会以"通过资助服务、利益表达和社会倡导,帮助青少年提高能力,改善青少年成长环境"为使命,倡导"社会责任、创造进取、以人为本、追求卓越"的价值观,曾发起和实施了社会参与广泛、富有影响的"希望工程"。该组织属于(　　)。

A. 政府部门　　　　　　　　　　　　B. 群团组织

C. 社会服务类社会组织　　　　　　　D. 社会公益类事业单位

6. 在一次社会服务管理研讨会上,某社会服务机构主任介绍员工管理现状,指出入职半年到一年半的社会工作者对未来发展比较迷茫,是机构最不稳定的员工,流失情况比较严重。其他机构主任也纷纷表示自己机构的情况也差不多。针对这一现状,机构最适宜采取的应对措施是(　　)。

A. 扩展服务工作内容　　　　　　　　B. 重新设计工作职位

C. 及时进行工作转换　　　　　　　　D. 协助规划生涯发展

7. 为解决社区居委会人手不足的问题,上级政府紧急动员政府职能部门、事业单位工作人员到社区担任志愿者。为了让志愿者尽快胜任工作,社区社会工作者对志愿者进行了分组和分工,明确了服务时间和频次,并进行了岗位培训。从志愿者人力资源管理的角度看,上述做法体现的管理职能是(　　)。

A. 规划　　　　　B. 领导　　　　　C. 组织　　　　　D. 控制

8. 某社会工作服务机构在开展老旧社区治理项目时,发现一些高龄老人家中还在使用"蹲厕",导致行动不便的老人普遍存在如厕难问题。为此,该机构拟联合具有公开募捐资格的慈善组织,通过某合规的互联网公开募捐平台,发起"为百户老人换马桶"的公益众筹项目。为了获得社会大众和企事业单位的支持,从项目服务方案设计的角度看,该机构应注重(　　)。

A. 在熟人圈中扩大项目认知度和知名度

B. 通过实际参与环节来获取公众的信任

C. 高质量图片、视频和文字等细节设计

D. 项目回应需求的精准度和创意新颖性

9. 规范的治理结构是社会服务机构向社会证明其组织诚信的重要指标,而社会服务机构治理结构的主要内容是(　　)。

A. 董事会或理事会是否健全　　　　　B. 经费是否合理地运用于服务项目

C. 服务是否遵循组织的使命和宗旨　　　D. 财务和信息是否透明

10. 社会福利是以老年人、残疾人、孤儿等社会特殊困难群体为主要对象的社会照顾和社会服务,是我国社会保障体系的一部分。我国形成了政府统管、政府行政部门和(　　)分块负责的社会福利制度。

A. 社会组织　　　　B. 民政部门　　　　C. 群众团体　　　　D. 社会团体

二、多项选择题

11. 社会服务机构都有自己明确的宗旨,宗旨的特点一般包括(　　)。

A. 宗旨的内容反映机构的意图和价值观　　B. 宗旨应成为机构所有活动的依据

C. 宗旨属于机构的中期规划　　　　　　　D. 宗旨体现了机构在社会上的定位

E. 宗旨规定了目标实现的具体期限

12. 某社会工作服务机构总干事研究了公益服务项目管理后，认为机构的服务有必要进行项目化管理。项目化管理对机构做好社会服务的意义包括（　　）。

A. 能使服务理性化　　　　　　　　　B. 能实现高投入高收益

C. 便于跟踪检查　　　　　　　　　　D. 能激发员工自觉性

E. 能澄清机构使命

13. 人力资源管理在社会服务机构开展的活动中占有极其重要的地位，有助于服务机构专业化服务的展开。在社会服务机构中推进人力资源管理具有（　　）的重要意义。

A. 激发员工潜能，增进员工的归属感

B. 有助于组织凝聚力的形成和组织创新

C. 有助于更好地满足服务需求，提升服务质量

D. 扩大服务机构的服务范围和执行力

E. 有助于服务机构与员工之间的利益协调

14. 某公司认为参加大型的慈善捐款活动能提高公司的知名度，获得良好的名誉收益，可以向社会大众表明公司是一家有社会责任感的公司，为公司带来新的利益和新的顾客，为公司长期的发展带来经济效益。同时，捐款也是一种合理避税的方式，给公司带来了切实的利益。这表明公司捐赠的动机主要包括（　　）。

A. 维持公共关系　　　　　　　　　　B. 市场营销的需要

C. 社会联谊的需要　　　　　　　　　D. 实现法人利益

E. 合理税法策略

15. "火凤凰助残社"是一家专门为残疾人开展服务的机构。该机构与政府合作，在公共场所张贴公益广告，提高该机构的知名度。这种做法的主要作用有（　　）。

A. 树立本机构社会形象　　　　　　　B. 获得赞助机构或公众的支持

C. 增进社会各界对该机构使命的了解　D. 增强残障人士的自我认同感

E. 有利于机构在良好环境下开展服务

参考答案

一、单项选择题

1. D　　　　考点：社会服务方案策划

2. D　　　　考点：社会服务方案策划

3. B　　　　考点：社会服务方案策划

4. B　　　　考点：社会服务机构的类型

5. C　　　　考点：社会服务机构的类型

6. D　　　　考点：社会服务机构的激励措施

7. C　　　　考点：志愿者管理

8. D　　　　考点：社会服务机构筹资管理

9. A　　　　考点：社会服务机构公信力管理

10. C　　　　考点：我国社会福利行政体系的特点

二、多项选择题

11. ABD   考点：社会服务机构的规划

12. ACD   考点：社会服务机构的运作

13. ABC   考点：社会服务机构的人力资源管理

14. ABCE   考点：社会服务机构筹资管理

15. ABCE   考点：社会服务机构公共关系管理

第九章

社会工作督导

【本章复习提示】

本章主要介绍社会工作督导。考试要点主要包括督导的内容、方法、形式以及技巧。这一章要求考生记忆的内容比较多。考生复习时要着重了解督导的内容、形式以及督导者、被督导者的类型等。考生在备考过程中，需要特别注意从题目所给出的实务情境中辨别督导的概念，特别是督导技巧。

单元1 基础题

一、单项选择题

1. 社会工作者小王一直觉得自己在个案服务方面进步较慢，小王的督导老张虽然很有经验，但由于同时管理多个服务项目和督导多名社会工作者，所以每次个案督导的时间十分有限。老张得知小王的想法后，让小王在每次接受督导前明确自己的疑惑及需要讨论的内容，打印好个案服务记录，以便提高督导的针对性。从社会工作督导的一般过程看，上述活动属的工作阶段是（   ）。

A. 督导前期　　　　　B. 开展期　　　　　C. 工作期　　　　　D. 结束期

2. 某社会工作服务机构新招聘的社会工作者服务经验较少，其负责人邀请资深社会工作者老王对新入职的社会工作者进行督导。老王在"督导前期"应做的工作是（   ）。

A. 与督导对象交流督导的目的

B. 帮助督导对象充分认识自我

C. 分享服务实践经验，支持督导对象做好服务

D. 了解督导对象的家庭、教育背景及从业经历

3. 某区5个街道社工站的负责人都具有丰富的一线服务经验，他们每月定期开会，轮流组织督导活动，就所遇到的专业服务和管理议题进行讨论，互相激励，彼此借鉴，形成有价值的工作策略。该督导方式是（   ）。

A. 同事督导　　　　　B. 团体督导　　　　　C. 个别督导　　　　　D. 同辈督导

4. 下列社会工作者的工作中，体现了"行政性督导"功能的是（   ）。

A. 向志愿者讲解特殊或紧急情况的处理流程

B. 向志愿者交代岗位职责、服务时间和频次

C. 向志愿者示范如何准确回答居民关心的问题

D. 向志愿者解读不同阶段防疫政策的工作要点

5. 某社会工作服务机构申请了"社会工作助力精准救助"项目，面向某街道的低收入家庭开展社会工作服务。机构项目主管老李通过团体督导工作坊的形式，为项目团队的社会工作者和志愿者解读社会救助政策目标、流程和资格条件等内容。上述督导内容是（   ）。

A. 行政性督导　　　　B. 教育性督导　　　　C. 支持性督导　　　　D. 研究性督导

6. 街道社会工作站督导者老郭经常运用"提问"方式与督导对象会谈，从督导对象的反馈中了解其在服务过程中的观点与角色定位，以获得更深入丰富的资料。下列老郭的提问中，属于澄清督导对象观点的是（   ）。

A. "下个月的邻里节活动筹备进行得怎么样了？"

B. "你的具体服务措施是怎么体现服务目标的？"

C. "根据刚才的讨论，你觉得下一步该做什么？"

D. "你觉得服务对象面临的最核心问题是什么？"

7. 社会工作者小李向督导者老张反映，街道办事处有时会抽调自己去写一些工作汇报类的公文，且给的时间十分有限，虽然自己很努力地完成了工作，但街道领导仍不太

满意，他感到很挫败。针对这一情况，从"教育性督导"的角度出发，老张适宜的做法是（　　）。

A. 与小李讨论公文写作的规律　　　　B. 为小李示范婉拒的方法

C. 协助小李宣泄负面情绪并反思自我　D. 将小李的工作职责反馈给街道领导

8. 社会工作者小黄从事困境儿童服务，她最近一次入户服务结束时，服务对象的家长送给她一袋水果表达感谢。小黄婉拒了该家长的馈赠，但是担心会给其留下"不近人情"的印象，影响专业关系，于是向机构督导者老陈求助。从教育性督导的角度看，老陈最应聚焦的督导议题是（　　）。

A. 工作过程回顾与其反思　　　　B. 专业伦理判断及其抉择

C. 信任关系维系及其沟通　　　　D. 服务对象认识及其理解

9. 机构督导大刚发现，新进的3位社会工作者在实际工作中都感到与老人沟通困难，难以与老人建立关系。根据这一情况，大刚决定为他们定期进行团体督导。大刚制订了督导计划，确定了不同主题和内容的活动，以提升他们的实务能力，从而有效地解决问题。本案例中，大刚的督导方式是（　　）。

A. 咨询式督导　　B. 管理式督导　　C. 训练式督导　　D. 师徒式督导

10. 督导制度是社会工作专业制度的重要组成部分，是专业发展的重要保障。一般来讲，社会工作服务机构建立督导制度的主要目的是（　　）。

A. 保障机构的合法地位　　　　B. 提升社会服务的质量

C. 加强机构员工之间的相互支持　D. 加强行政人员与社会工作的沟通

二、多项选择题

11. 社区社会工作者老张负责社区社会组织培育和管理工作。社区环保志愿服务队队长吴大爷反映，最近部分志愿者参与热情降低，尤其是指导垃圾分类的志愿者抱怨，一些居民虽经多次指导但仍然"旧习不改"，还经常说志愿者多管闲事。为此，老张决定对志愿者进行团体督导，并与吴大爷商量定期举办志愿服务经验分享会，其目的有（　　）。

A. 疏导因服务而产生的负面情绪　　B. 监测评估志愿服务质量和效果

C. 增强自我功能并协助建立自信　　D. 了解居委会对志愿服务的期待

E. 激励和维护志愿者的工作士气

12. 督导者老邱结合年度评估对某街道社工站进行本年度最后一次督导。下列督导内容中，属于行政性督导的有（　　）。

A. 解读街道社工站建设的相关政策文件

B. 推动街道社工站内工作人员团队合作

C. 教导时间管理、人际沟通等技巧

D. 检查是否按照考核标准配备站点工作人员

E. 考核是否完成计划中规定的个案和小组数量

13. 以下属于教育性督导内容的有（　　）。

A. 向被督导者讲解有关老年人身心特点方面的知识

B. 教导有关养老院管理运作方面的知识

C. 说明有关老年人社会问题政策方面的信息

D. 分享有关老年人心理咨询和个案辅导的技术

E. 审阅被督导者的工作记录和报告

14. 督导老邱正在为机构新入职的 8 名社会工作者进行团体督导，增进他们对机构、同事、工作内容的了解，并帮助他们融入团队。老邱在团体督导会议主持中一般采用的技巧有（　　　）。

A. 倾听团体成员的表达
B. 在讨论的每个段落总结并形成结论
C. 直接向团体成员说明和修正出现的错误
D. 在最方便时组织和安排督导会议
E. 链接不同观点，并作比较分析

15. 根据《社会工作督导指南》，下列条件中，符合社会工作督导者要求的有（　　　）。

A. 服务领域 3 年以上实务经验
B. 具备社会工作从业资格
C. 每年接受不少于 60 学时的继续教育
D. 掌握开展督导的方法和技巧
E. 掌握所督导领域的专业知识和政策法规

参考答案

一、单项选择题

1. C　　考点：社会工作督导的一般过程
2. D　　考点：社会工作督导的一般过程
3. D　　考点：社会工作督导方式
4. B　　考点：社会工作督导的功能
5. B　　考点：社会工作督导的类型
6. B　　考点：社会工作督导的技巧
7. A　　考点：社会工作督导的类型
8. B　　考点：社会工作督导的内容
9. C　　考点：社会工作督导的方式
10. B　　考点：社会工作督导的意义

二、多项选择题

11. ACE　　考点：社会工作督导的目的
12. DE　　考点：社会工作督导的内容
13. ABCD　　考点：社会工作督导的内容
14. ABE　　考点：社会工作督导的技巧
15. BDE　　考点：社会工作督导者的要求

单元2 提高题

一、单项选择题

1. 社会工作者小林是社会环保志愿服务队的督导，在他的引领和鼓励下，志愿者积极投入垃圾分类工作。为了激发志愿者持续参与的动力，小林每个月都会组织他们开座谈会，交流分享服务经验和助人体会。从志愿者督导的功能看，上述工作发挥的是（　　）。

A. 支持功能　　　B. 教育功能　　　C. 行政功能　　　D. 管理功能

2. 关于社会工作督导者与被督导者互动关系的说法，正确的是（　　）。

A. 督导重点在于改变被督导者的行为，督导的成效取决于督导者的专业水平

B. 机构赋予督导者督导权力，因而双方互动关系不会随互动形态的改变而改变

C. 督导者有权执行督导工作，帮助被督导者为服务对象提供优质有效的服务

D. 社会工作督导关系中存在上下级关系，所以督导过程是一种单向指导过程

3. 社会工作者小琴最近休完产假回机构上班，她既要工作，又要照顾孩子，感觉十分忙乱，难以应付。在一次督导面谈中，小琴向督导者老丁讲述了自己的困扰。老丁的下列做法中，最能体现社会工作督导教育功能的是（　　）。

A. 帮助小琴缓解情绪，缓解其精神压力，并给予她生活上的关心和支持

B. 向机构负责人反映小琴的情况，呼吁机构关注"新妈妈"的实际困难

C. 与小琴分享时间管理、冥想、放松等技巧，帮助她减轻多重角色压力

D. 调整小琴的工作岗位和工作内容，采用弹性工作方式方便她照顾孩子

4. 社会工作者小林在为某困境儿童家庭服务时，孩子的奶奶因为小林没有给予她家物质帮助，对他十分冷淡，甚至恶语相向，还不断投诉他，导致小林在社区开展工作时困难重重。小林觉得自己不被理解，很委屈，向督导者老张求助。老张帮助小林分析了孩子奶奶的个人成长历程、情绪和认知状况，讲解了如何与服务对象建立专业关系的方法和技巧。从教育性督导的内容看，老张教导的是（　　）。

A. 工作过程知识　　B. 社会问题知识　　C. 情绪管理方法　　D. 时间管理方法

5. 社会工作者小王在与督导者老李会谈时，表示自己在为辍学青少年提供个案辅导过程中看不到服务对象的改变，因此感到沮丧，甚至害怕再接触此类个案。从支持性督导的角度看，老李的督导重点是（　　）。

A. 协助小王发现工作成效　　　　B. 向机构申请先暂停小王的个案服务

C. 帮助小王分析介入思路　　　　D. 为小王示范与服务对象的沟通技巧

6. 社会服务机构的目标指明了服务的发展方向和对服务成效的期待，帮助被督导者认同和实现服务机构的目标是督导过程的主要任务。社会工作督导的根本工作目标是（　　）。

A. 为服务对象提供有效和高质量的服务　　B. 提升被督导者的知识和技巧

C. 提高被督导者的工作动机和士气　　　　D. 促进督导者本身的自我完善

7. 高级社会工作师老李受某街道邀请，对5位持有助理社会工作师证书的居委会委员进行督导，期望提高社区工作者的能力。老李在首次会谈中发现他们基层工作经验丰富，处理了不少复杂问题，但也因为行政任务工作量大且要求高而多有抱怨，工作成就感低。

通过交流，老李找到了督导起始点，下一步老李适宜开展的工作是（　　）。

　　A. 增进彼此之间熟悉感　　　　　　　B. 清晰双方角色和期待

　　C. 分享经验和答疑解惑　　　　　　　D. 回顾学习和成长过程

8. 某社会工作服务机构新招聘的社会工作者服务经验较少，其负责人邀请资深社会工作者老王对新入职的社会工作者进行督导。老王在"督导前期"应做的工作是（　　）。

　　A. 与督导对象交流督导的目的

　　B. 帮助督导对象充分认识自我

　　C. 分享服务实践经验，支持督导对象做好服务

　　D. 了解督导对象的家庭、教育背景及从业经历

9. 社会工作督导者老高负责对新入职的社会工作者小王进行督导，第一次督导时，老高提议双方先自我介绍以增加彼此的认识和了解。接下来的督导过程中，老高首先要做的是（　　）。

　　A. 明确双方的角色期待和要求　　　　B. 分享个人的工作经验和感受

　　C. 综述小王的学习和成长过程　　　　D. 从小王的处境中找督导起点

10. 社会工作者小颜正在对家庭暴力中的施暴者进行个案辅导。机构督导者老林在每次督导会谈中都详细了解小颜的服务进度和面临的困难，及时发现问题并与小颜共同面对，寻求解决办法。从社会工作者督导过程看，老林所运用的技巧是（　　）。

　　A. 分享感受　　　B. 开展话题　　　C. 相互契合　　　D. 订立协议

二、多项选择题

11. 驻村社会工作者小王为了提升服务质量和专业能力，主动联系其他村的社会工作者每月聚会一次，开展同辈督导。为了保证督导服务的质量，在督导会议的组织方面，小王可采用的技巧有（　　）。

　　A. 设定规则让所有成员表达意见　　　B. 设定标准让成员专业背景相同

　　C. 安排一定的时间让同辈成员表达期望　D. 安排非正式交流时间让成员充分交流

　　E. 敏锐觉察并及时回应同辈成员的感受

12. 在社会工作实务方法中，督导扮演了重要的角色，社会工作督导的重要性主要体现在（　　）。

　　A. 保障服务机构的正常运行　　　　　B. 提高社会工作服务质量

　　C. 促进社会工作者成长　　　　　　　D. 推动社会工作专业发展

　　E. 提升自我潜能

13. 社会工作督导者在社会服务机构中是行政管理的联结点，在督导的过程中扮演着多种角色。下列社会工作督导者的做法中，体现"倡导者"角色的有（　　）。

　　A. 帮助机构管理者清楚地了解被督导者的利益、问题，提出改善的意见

　　B. 发觉缺乏的服务项目，向机构提出开展社区所需要的服务的建议

　　C. 依据被督导者从直接服务中获取的信息，向机构提出改善程序的建议

　　D. 引导被督导者熟悉机构环境和服务环境，减少不确定性带来的压力感

　　E. 处理服务对象的申诉，避免让被督导者直接面对服务对象的不满情绪

14. 社会工作者小田最近开始负责项目志愿者的督导工作，他模仿自己的督导老师给志愿者提供督导服务，但发现效果并不理想。督导老师建议他根据志愿者的特点以及机构

对志愿者的要求和期盼，改进督导服务。对此，小田正确的改进措施有（　　　）。

　　A. 根据志愿者服务的公益性特点，对志愿者放宽要求，尽量不惩处

　　B. 对志愿者之间发生的矛盾和冲突，要作为仲裁者去判断谁是谁非

　　C. 把志愿者当成机构服务的对象，帮助其实现自我成长和能力提升

　　D. 依托自己与志愿者的上下从属关系，强化志愿者的服从意识和执行能力

　　E. 尊重志愿者个人意愿，尽力配合其兴趣、专长、时间要求安排服务任务

　　15. 同事督导团体的成员可能来自不同机构或团队，所以需要签订明确的督导契约。契约的内容应包括（　　　）。

　　A. 团体成员的角色分工　　　　　　　B. 团体成员承诺提交相关服务记录

　　C. 每次会议持续的时间和会议程序　　D. 团体成员承诺坚持参加督导会议

　　E. 会议主持人须完成团体督导记录

参考答案

一、单项选择题

1. A　　　　考点：社会工作督导的功能

2. C　　　　考点：社会工作督导者与督导对象

3. C　　　　考点：社会工作督导的功能

4. A　　　　考点：社会工作督导的内容

5. A　　　　考点：社会工作督导的内容

6. A　　　　考点：社会工作督导的意义

7. B　　　　考点：社会工作督导的过程

8. D　　　　考点：社会工作督导的过程

9. D　　　　考点：社会工作督导的过程

10. C　　　考点：社会工作督导的技巧

二、多项选择题

11. ACDE　考点：社会工作督导的技巧

12. ABCD　考点：社会工作督导者

13. AC　　考点：社会工作督导的内容

14. CE　　考点：社会工作督导的功能

15. ACD　考点：社会工作督导的方式

单元 3 易错题

一、单项选择题

1. 社会工作者小黄在街道社区服务中心工作已满一年，中心的陆主任担任她的督导。在一次督导会谈中，小黄表示很苦恼，因为多数社区居民都不了解社会工作，部分同事也对社会工作缺乏认识，她要反复解释。陆主任作为督导应该发挥（   ）功能帮助小黄。

A. 支持性   B. 教育性   C. 行政性   D. 咨询性

二、多项选择题

2. 社区居民在参加居委会组织的游园活动时，因排队秩序混乱，与维持现场秩序的社区志愿者老李发生了争吵。为此，老李认为做志愿者"太不值了"，社会工作者老马对他进行了个别督导。老马督导的内容应包括（   ）。

A. 协助老李重新确认游园活动的程序安排

B. 协助老李澄清参与社区志愿服务的动机

C. 协助老李学习和掌握与居民沟通的技巧

D. 协助老李解决志愿服务时间与本职工作时间的冲突

E. 协助老李认识服务中的不足之处并接受建设性意见

参考答案

一、单项选择题

1. A　　考点：社会工作督导的功能

　　　　解析：本题考查的是督导的功能。题目中小黄表示苦恼，是一种情绪。支持性督导强调抚慰情绪、减少压力。采用支持性督导能够帮助小黄解除苦恼。

二、多项选择题

2. ABCE　考点：社会工作督导志愿者

　　　　解析：志愿者督导的目的包括以下几方面：（1）协助志愿者认清和肯定志愿服务的价值，维持其对志愿服务工作的兴趣、热情和团队士气（选项 B 正确）。为志愿者提供或教授其必要的工作知识和技巧，帮助其自我了解和自我成长（选项 C 正确）。及时处理志愿者在服务过程中遇到的问题和挫折，以便实现服务目标，保障服务对象或相关人员不受伤害，维持良好的服务品质（选项 A 正确）。（2）协助志愿者了解组织和机构的功能，使其遵守机构工作程序和相关纪律规定。促进机构和志愿者双方的良好沟通，增加其对机构的认同。根据志愿服务的需要，遴选和培养资深志愿者或志愿者领袖等人才。（3）评估志愿者的工作效果，提出改善的建议。尤其是当志愿者督导发现志愿者的工作绩效与预期存在差距时，可以通过分析原因，有针对性地采取适当的方法和步骤加以改善（选项E正确）。

单元4 闯关题

一、单项选择题

1. 某市民政局邀请一批外省市社会工作督导与本市社会服务机构签订督导合作协议。协议约定，督导内容主要是针对特定服务群体开展社会工作专业服务的方法与技巧。根据这一约定，社会服务机构应优先向（   ）提供督导服务。

A. 机构的骨干志愿者　　　　　B. 机构的主要管理人员

C. 经验丰富的社会工作者　　　D. 新入职的社会工作者

2. 根据禁毒部门的要求，社会工作者需要排查机构服务辖区内登记在册的吸毒人员，社会工作者小薛在排查过程中时常遇到服务对象不配合的情况，觉得工作压力大，向督导老刘咨询。从支持性督导角度看，老刘适宜的做法是（   ）。

A. 与小薛探讨社会工作者的职业定位和责任

B. 与小薛讲解服务对象的主要类型及特点

C. 与小薛示范与服务对象接触的沟通技巧

D. 与小薛梳理服务过程中产生的焦虑情绪

3. 下列不属于社会工作督导意义的是（   ）。

A. 有助于促进服务机构的日常管理，树立机构的专业形象

B. 有助于督导者的专业服务经验积累

C. 有助于保障服务对象的权益，提升服务质量

D. 有助于促进服务人员成长

4. 下列督导情境中，体现支持性督导的是（   ）。

A. 督导者为督导对象讲解服务提供中如何体现专业元素

B. 督导者和督导对象讨论与村委会主任建立关系的技巧

C. 督导者向督导对象了解服务进度及过程中遇到的困难

D. 督导者让督导对象回顾服务对象对其表达感谢的话语

5. 为了激发志愿者参与服务的动机，社会工作者需要发挥支持性功能，督导志愿者为服务对象提供高品质的服务。下列志愿者督导的做法中，属于发挥支持性功能的是（   ）。

A. 帮助志愿者了解服务对象的特点　　B. 教导志愿者掌握服务的介入方法

C. 开展志愿者技能培训和资格认证　　D. 强化志愿者自我功能并建立自信

6. 某社会工作服务机构的督导老杨发现社会工作者都是"单枪匹马"地负责和执行服务项目，部分社会工作者向老杨反映："工作中缺乏交流，员工之间关系生疏，一旦发

生人事变动，服务项目就会被迫暂停或者终止，影响服务对象的利益。"为此，老杨向机构领导反映情况并建议设立项目小组，每个项目至少有两名员工参与。这种方式运行一段时间后，员工彼此沟通协调改善，团队合作意识提升，机构的稳定性和凝聚力也日渐增强，其中老杨扮演的是（　　）。

  A. 使能者角色   B. 教育者角色   C. 决策者角色   D. 倡导者角色

  7. 提供临终关怀服务的社会工作者在服务对象去世时，有时会责怪自己做得不够好，情绪悲伤，感到沮丧和无力等情况。为了协助社会工作者适应和处理服务中产生的上述问题，社会工作督导应注重（　　）。

  A. 给社会工作者讲授患者死亡的原因和相关知识

  B. 给社会工作者讲授如何协助逝者家属的生活适应

  C. 与社会工作者探讨所产生的负面情绪及解决的途径

  D. 协助社会工作者认识到应用积极的情绪去替代负面情绪

  8. 以下不属于团体督导优点的是（　　）。

  A. 每位被督导者都能获得机会和足够的时间接受督导

  B. 可以矫正单一督导可能产生的偏见和盲点

  C. 被督导者可以向其他被督导同事学习

  D. 可以进行充分的角色扮演

  9. 在社会工作督导过程中，督导开展期的主要任务是（　　）。

  A. 促进相互熟悉   B. 明确督导形式

  C. 综述学习过程   D. 督导自我改进

  10. 社会工作者小芳工作非常努力，但最近有两次活动收效不佳，令她有些气馁。督导老梁了解到这两次活动效果不佳主要是受外在环境的影响，对小芳表示理解。此时，老梁最适宜采用的督导技巧是（　　）。

  A. 角色扮演   B. 分享感受   C. 保持沉默   D. 摘要澄清

二、多项选择题

  11. 社会工作督导的对象主要包括（　　）。

  A. 新进社会工作服务机构的社会工作者

  B. 服务年限较短、经验不足的初级社会工作者

  C. 在社会工作服务机构实习的学生

  D. 社会工作服务机构的非正式人员，主要是志愿者

  E. 具有丰富实践经验，接受过正规训练的社会工作者

  12. 社会工作督导的类型主要包括（　　）。

  A. 师徒式督导   B. 训练式督导   C. 管理式督导

  D. 合作督导   E. 咨询式督导

  13. 一线社会工作者经常承受各种压力，导致紧张和焦虑，社会组织督导可以通过教育性督导缓解社会工作者的压力，具体的做法有（　　）。

  A. 协助被督导者发现工作成效，并自我欣赏

  B. 引导被督导者学习压力发现方法，预防职业倦怠

  C. 强化被督导者处理冲突，自我肯定表达技巧的训练

D. 激发被督导者的工作动机和士气,并对机构产生认同感

E. 指导被督导者综合考虑重要性和紧迫性因素,排列服务的优先次序

14. 督导老张发现社会工作者小力接手小学生欣欣的个案后,出现情绪不稳定的情况,当谈及欣欣近来经常迟到、不交作业、变得沉默寡言并经常哭闹等时,小力愤怒地说,这一切都是欣欣的父亲陷入婚外恋,抛家弃子造成的。小力说现在很怕看到欣欣无助的眼神,这使他想起自己的童年。面对小力的反应,老张应采取的做法有(   )。

A. 与小力分享自己处理类似困境的经验

B. 立即向机构负责人提出安排小力暂时休假

C. 鼓励小力表达感受和宣泄情绪并发现其中的意义

D. 与小力一起进行自我探索,以协助小力更加了解自己

E. 立即安排另一位社会工作者接替小力为欣欣提供服务

15. 某城区从事老人服务的6位社会工作者每月都聚在一起开督导会议,讨论在老年人服务中遇到的困难、障碍及其应对方法,每次会议推选一位成员轮流主持,每位成员都有主持会议的机会。这种督导形式的特点是(   )。

A. 成员应是机构督导　　　　　　B. 成员以同等地位参与

C. 成员是新进机构人员　　　　　　D. 成员可以来自不同机构

E. 成员在专业上有共同需求

参考答案

一、单项选择题

1. D　　　考点:社会工作督导对象
2. D　　　考点:社会工作督导的功能
3. B　　　考点:社会工作督导的含义
4. D　　　考点:社会工作督导的内容
5. D　　　考点:社会工作督导的内容
6. D　　　考点:社会工作督导的功能
7. C　　　考点:社会工作督导的内容
8. A　　　考点:社会工作督导的方式
9. B　　　考点:社会工作督导的过程
10. B　　　考点:社会工作督导的技巧

二、多项选择题

11. ABCD　考点:社会工作督导对象
12. ABCE　考点:社会工作督导的类型
13. BCE　　考点:社会工作督导的功能
14. ACD　　考点:社会工作督导的内容
15. BDE　　考点:社会工作督导的方式

第十章

社会工作研究

10

【本章复习提示】

　　本章核心内容是掌握社会工作研究的功能和方法论，定量研究与定性研究的特点及适用范围、具体研究方法、资料的整理与分析、研究报告的撰写等。由于涉及相对抽象的研究理论及其方法应用，考生复习的难度较大，建议按照如下应试对策备考：1. 深入理解概念与理论：掌握定量研究和定性研究的基本理论，特别是它们的定义、各自的特点及适用场合。2. 实际案例的分析性应用：结合社会工作研究领域的实际案例情境，理解如何应用问卷调查、访谈和个案研究等具体的方法。3. 重视"研究案例情境题"类型的题目，此类题目要求对考点知识做到精准把握，在近年考试中占比增加，建议通过本章大量案例情境题目的练习，熟练掌握问卷设计的基本原则和具体研究方法的使用，特别是对多项选择题，应做到精准掌握知识点，才能提高答题准确率。

单元1 基础题

一、单项选择题

1. 项目评估的目标与社会工作评估的目标相呼应，一般来说，项目评估的最终目标是（　　）。

A. 达成对评估对象的表现评价

B. 协助工作者及机构获得提升

C. 协助服务对象成长

D. 实现服务机构的宗旨

2. 社会工作者小李计划采用个案研究方法对某乡社工站的建设过程与服务效果进行研究。下列小李的工作中，属于资料整理阶段的是（　　）。

A. 小李联系某乡社工站负责人，协商开展实地研究的具体事宜

B. 小李不断累积资料，形成对某乡社工站建设机制的合理解释

C. 小李按照不同的相关者将访谈资料分别进行编码，形成相应的研究档案

D. 小李通过探索访谈，了解不同利益相关者对某乡社工站建设的态度与建议

3. 社区工作者小赵发现所在养老机构服务失智老人的方法固化，决定采用行动研究将失智老人的服务和研究进行整合，创新服务失智老人的有效方法。下列小赵的做法中，最能体现该研究兼具批判建构功能的是（　　）。

A. 小赵鼓励失智老人及家属共同参与研究

B. 小赵在自己的实践情境中边行动边研究

C. 小赵对现有失智老人服务方案提出修订思路

D. 小赵将研究目标确定为优化失智老人的服务

4. 在社会工作研究中，研究者必须遵循的伦理是（　　）。

A. 研究议题应有利于社会工作专业发展

B. 收集资料应有利于保证研究的信度、效度

C. 访谈分析应有利于研究结论的积极正面

D. 研究结果应有利于规避各类研究风险

5. 关于与社会工作研究有关的方法论，以下说法中（　　）是正确的。

A. 实证主义强调过程导向性　　　　B. 建构主义强调客观真实存在

C. 反实证主义强调价值中立　　　　D. 马克思主义强调世界发展的动态性

6. 社会工作者小郑计划研究留守女童自我保护能力建设项目的干预效果。下列研究功能中，属于服务对象层面的是（　　）。

A. 促进儿童保护理论的实践运用　　B. 丰富留守女童自我保护的知识

C. 倡导社会关注留守女童的权益　　D. 总结反思项目实施过程的不足

7. 关于定性研究特点的说法，正确的是（　　）。

A. 定性研究强调应事先设定明确的研究假设

B. 定性研究强调运用标准化的工具收集资料

C. 定性研究的研究者注重研究成果的普遍指导意义

D. 定性研究的研究者注重将被研究对象视为自己人

8. 社会工作者小李研究社会工作者个人自信心与职业认同的关系，采用随机抽样方法选取样本，发放问卷。在问卷资料的整理阶段，小李应重点完成的工作是（　　）。

　　A. 对访问人员进行工作督导　　　　B. 验证研究假设是否成立

　　C. 对可疑资料进行复核审查　　　　D. 判断调查方案是否可行

9. 老董是某社会工作服务机构项目部主任，主要负责某街道社区工作者专业能力建设项目。下列内容中，应在项目总结报告中详尽说明的是（　　）。

　　A. 社区工作者专业能力的现状特点

　　B. 社区工作者专业能力的影响因素

　　C. 社区工作者专业能力建设项目的成效

　　D. 社区工作者专业能力建设项目的进度

10. 社会工作者小魏计划运用焦点小组访谈法来了解残联工作人员、残障人士及其家属对现有助残服务的看法与期待。小魏的下列做法中，正确的是（　　）。

　　A. 在访谈前应告知访谈对象注意发言的分寸

　　B. 在开展访谈时应关注访谈对象之间的互动

　　C. 安排残联工作人员、残障人士及其家属一起参加访谈

　　D. 在引导访谈对象积极地表达意见时，主动分享自己的想法

二、多项选择题

11. 小王是某社会工作服务机构的督导，他通过发放问卷，对服务对象和社会工作者分别进行了调查，并通过调查数据总结了机构服务中存在的不足，然后及时地调整了工作方向和方法。这一过程体现了小王的研究角色，包括（　　）。

　　A. 督导者　　　　　　B. 收集者　　　　　　C. 分析者

　　D. 结果应用者　　　　E. 反思者

12. 关于社会工作研究报告撰写的说法，正确的有（　　）。

　　A. 研究报告的结构需要与方法论和研究方法呼应

　　B. 定量研究报告表明了其使用的就是量化的资料

　　C. 需求评估报告与研究报告的结构基本是相似的

　　D. 项目计划书的基本结构与需求评估报告有区别

　　E. 项目的总结报告是实务工作和研究的最终产品

13. 下列关于社会工作研究具体方法的说法，正确的有（　　）。

　　A. 观察法容易发现研究对象未报告的隐秘资料

　　B. 问卷调查法有助于发现研究对象的特殊性问题

　　C. 访谈法有利于及时回应变化，获得深入资料

　　D. 个案研究可以发挥辅助理论建构的重要功能

　　E. 实验研究可以有效控制研究条件和外在环境

14. 项目评估是利用具体研究方法，对社会服务项目的业务和事务等方面进行评价，在社会工作中具有非常重要的作用。下列关于项目评估的说法，表述正确的有（　　）。

　　A. 是否遵循研究伦理在项目评估过程中的影响不大

　　B. 委托者希望了解项目是否达到目标及社会影响如何

C. 项目评估是对结果的评估而不是对过程的评估

D. 公众希望了解服务项目的覆盖情况及服务对象评价

E. 服务机构希望把握项目质量及其原因

15. 定量研究和定性研究是社会工作研究的两大范式。下列关于定量研究和定性研究的表述，正确的有（　　）。

A. 定量研究主要进行归纳推理，定性研究主要是演绎推理

B. 定性研究注重研究问题的个别性和特殊性，发现新视角

C. 定量研究过程中体现价值中立

D. 定性研究注重站在对方立场审视、领悟和分析具体事实

E. 定性研究通过文献回顾，归纳提炼出研究问题和研究框架

参考答案

一、单项选择题

1. C	考点：项目评估的最终目标
2. C	考点：定性研究的资料收集、整理与分析
3. C	考点：行动研究的特点之"兼具批判建构功能"
4. A	考点：社会工作研究的伦理
5. D	考点：社会工作研究的方法论
6. B	考点：社会工作研究的主要功能之"直接功能"
7. D	考点：定性研究的特点
8. C	考点：问卷资料收集的步骤和工作内容
9. C	考点：项目总结报告的内容
10. B	考点：访谈法中的"焦点小组"

二、多项选择题

11. BCD	考点：社会工作研究中研究者的角色
12. ACDE	考点：报告撰写的基本原则、社会工作实务研究报告的基本结构
13. ACDE	考点：社会工作研究具体方法的比较
14. BDE	考点：项目评估的基本概念
15. BCD	考点：定量研究和定性研究的差异

单元 2　提高题

一、单项选择题

1. 社会工作者老杨正在进行"社会工作者专业胜任力"的问卷调查，希望能够建构

出社会工作者的专业胜任力指标体系，进而助力社会工作专业人才队伍建设。下列问题和答案中，属于测量行为的是（　　　）。

    A. 您过去半年参加过督导会谈的次数？（1）0次　（2）1次　（3）2次

    （4）3次及以上

    B. 您是否从事一线社会工作服务？（1）是　（2）否

    C. 您熟悉项目管理吗？（1）很熟悉　（2）比较熟悉　（3）一般　（4）比较不熟悉

    （5）很不熟悉

    D. 您持有社会工作职业资格证书的情况？（1）无　（2）助理社会工作师

    （3）社会工作师　（4）高级社会工作师

2. 根据定量与定性研究的特点及其适用范围，下列研究目标中，最适合定性研究的是（　　　）。

    A. 评估老年人防诈骗小组的服务成效

    B. 调查社区居民对小区无障碍设施环境的满意度

    C. 分析养老服务财政投入对老年人幸福感的影响

    D. 探索同伴支持志愿者助人生命故事

3. 下列关于个案研究的说法，正确的是（　　　）。

    A. 个案研究是对单个对象的整体深入研究

    B. 个案研究是对一个案件卷宗的全面查阅

    C. 个案研究是对社会工作方案的策划设计

    D. 个案研究是对个案辅导过程的详细记录

4. 社会工作者基于反实证主义方法论，研究残障人士重建自信心的发展历程。下列研究关注点中，符合反实证主义方法论的是（　　　）。

    A. 描述残障人士自信心重建的平均时间

    B. 注重精准测量残障人士的自信心水平

    C. 注重发现提升残障人士自信心的规律

    D. 理解残障人士自信心重建的主观体验

5. 小汪负责撰写困难群众精准救助项目结项总结报告。与该项目计划书内容相比，结项总结报告需要重点增加的是（　　　）。

    A. 困难群众社会救助的现状　　　　　B. 困难群众精准救助的成效

    C. 困难群众精准救助的策略　　　　　D. 困难群众精准救助的目标

6. 社会工作者小苏对本社区部分70岁以上的老年人进行了问卷调查，了解他们的生活自理状况，以此评估社区老年人对居家养老服务的需求。在需求评估报告的研究方法部分，小苏应说明的内容是（　　　）。

    A. 老年人生活自理状况调查对于了解居家养老服务需求的意义

    B. 影响老年人生活自理状况的各个变量的统计值及其推论情况

    C. 本研究的新发现及其对理解老年人居家养老服务需求的贡献

    D. 参加本次调查的老年人是按照怎样的标准和程序挑选出来的

7. 某社会工作服务机构11位社会工作者的工作年限，分别是10个月、29个月、12个月、41个月、24个月、18个月、54个月、24个月、46个月、30个月和42个月。这些社会工作者工作年限的众数和中位数分别是（　　　）。

A. 24 个月和 29 个月   B. 30 个月和 29 个月

C. 54 个月和 24 个月   D. 54 个月和 30 个月

8. 根据问卷设计中问题的排序原则，下列正确的排列顺序是（　　）。

（1）您对社区养老服务日间照料中心的午餐满意吗？

      ①非常满意 ②比较满意 ③一般 ④不太满意 ⑤非常不满意

（2）对社区养老服务日间照料中心的工作，您有什么建议？

（3）您的性别：①男性 ②女性

A.（2）（1）（3）   B.（3）（2）（1）

C.（3）（1）（2）   D.（1）（3）（2）

9. 社会工作专业硕士研究生小玥拟开展一项困境家庭发展计划的行动研究。下列小玥的做法中，最能体现行动研究特点的是（　　）。

A. 与社会工作服务机构合作参与困境家庭的救助服务

B. 选择不同类型的困境家庭进行救助史的比较性研究

C. 选取一个地区进行困境家庭救助状况的结构式访谈

D. 运用民政部门已公布的社会救助年度数据进行分析

10. 下列实验形式中，属于准实验设计的是（　　）。

A. 前后测控制组设计   B. 非对等控制组设计

C. 单后测控制组设计   D. 索罗门四组设计

二、多项选择题

11. 下列关于定量研究与定性研究特点的说法，正确的有（　　）。

A. 定性研究过程中完全可以排除研究者的"观察者偏差"

B. 定量研究重视从理论出发进行演绎推理形成研究假设

C. 定量研究与定性研究的方法可以整合到同一项研究中

D. 定量研究适用于不熟悉的社会系统和微观层面的研究

E. 定性研究主要依托非控制性的自然手法进行资料收集

12. 社会工作者小黄运用个案研究收集退休人员张大爷的资料。根据"人在情境中"的观点，下列小黄适宜的做法有（　　）。

A. 观察张大爷与其所处环境的互动关系

B. 将资料上升到理论层面，并推及社区其他老人

C. 弄清张大爷的家庭、朋友、原工作单位等方面的情况

D. 根据个人经验提出假设，并在资料收集过程中予以验证

E. 了解张大爷的生命历程，掌握其中重大事件的详细信息

13. 某研究者提出要用实验研究法了解"老人参与减压小组对其睡眠时间长短的影响"。研究者必须完成（　　）。

A. 通过随机抽样或配对，形成两个特性相近的小组，并以第一组老人为实验组

B. 了解两个组所有老人过去一星期的每晚睡眠时间

C. 对第一组老人进行为期 3 天的减压技术训练

D. 在减压技术训练后，对所有老人再次测量其此后一星期的每晚睡眠时间，并比较与训练前的区别

E. 对第二组老人进行相同的减压训练

14. 某社区推行垃圾分类工作已满 3 年，社会工作者通过观察和检查发现，居民仍然存在垃圾不分类或分错类的情况。为此，社会工作者尝试通过行动研究方法来解决社区垃圾分类工作中存在的问题。下列社会工作者的做法中，属于行动研究步骤的有（　　）。

A. 通过查阅文献，了解以往相关研究的理论、方法和研究发现，建立研究假设

B. 分析垃圾分类工作存在问题的表现及后果，剖析其影响因素，发现可控原因

C. 组织社区居民、物业公司等相关人员一起拟订针对垃圾分类问题的具体计划

D. 根据垃圾分类存在的问题，加强宣传和示范，对某些过程细节进行适当调整

E. 确认垃圾分类工作已有成果，并以此作为垃圾分类工作方案调整的重要参考

15. 问题和答案是问卷的核心。为了解社会工作者证书获得者的发展意向，某省委组织部设计了一份调查问卷。下列问题与答案中，符合问卷设计原则的是（　　）。

A. 性别。（1）男性（2）女性

B. 年龄。（1）24 周岁及以下（2）25~34 周岁（3）35~44 周岁（4）45 周岁及以上

C. 获得社会工作者证书前，你最希望到哪里就业？（1）政府（2）非营利机构（3）企业

D. 社会工作在中国已成为朝阳产业。获得社会工作者证书后，你愿意将社会工作领域作为第一选择吗？（1）愿意（2）不愿意（3）说不清

E. 获得社会工作者证书后，你最希望去哪里发展？（1）北京、上海或广东（2）其他省区市（3）境外

参考答案

一、单项选择题

1. A	考点：问卷结构的"问题和答案"部分	
2. D	考点：定量研究和定性研究中资料特性的差异	
3. A	考点：个案研究的概念与特点	
4. D	考点：反实证主义方法论	
5. B	考点：项目总结报告的基本结构	
6. D	考点：需求评估报告的基本结构	
7. A	考点：描述单变量的集中趋势和离中趋势	
8. C	考点：问卷调查的问题和答案设计	
9. A	考点：行动研究的特点	
10. B	考点：实验设计的常用类型	

二、多项选择题

11. BCE	考点：定量研究和定性研究的差异	
12. ACE	考点：人在环境中的概念	
13. ABCD	考点：实验研究法	

14. BCE   考点：行动研究的步骤
15. AB   考点：问卷调查的问题和答案设计

单元 3　易错题

单项选择题

1. 在政府购买社会工作服务背景下，项目申请书、中期报告、结项报告和佐证资料成为重要的社会工作服务资料。社会工作专业硕士研究生小张尝试运用某市 10 年来的项目服务资料揭示社会工作专业服务的特点与变迁。关于小张开展的研究的说法，正确的是（　　）。

A. 该研究可以同时采用定量与定性的研究分析方法
B. 该研究的研究步骤与实验研究的研究步骤一致
C. 该研究对显性内容进行类似于定性资料的编码
D. 该研究资料分析时依据的抽样单位是固定不变的

2. 社会工作者小刘负责留守儿童成长项目，在开展成效评估时，她采用多种方法评估留守儿童应对成长所必备的 15 种核心能力的培育效果。同时，她还梳理了专业理论和技巧，提升了处理问题的能力。此外，小刘针对该设计进行专业反思，提出了适合留守儿童核心能力培育的建议。在专业层面上，上述小刘的研究具有的功能是（　　）。

A. 提高当地村民对留守儿童的认识   B. 丰富青少年正面成长理论与实务
C. 减少留守儿童成长过程中的烦恼   D. 协助社会工作者提升服务能力

参考答案

单项选择题

1. A   考点：内容分析法的步骤

解析：内容分析法以文章、书籍、报刊、日记、信件、演说、电影电视、歌曲、图画、照片等材料为对象，采用一定规则对其内容进行客观、系统的描述，以了解人们的态度、行为和特征，进而了解和说明社会结构及文化变迁。在本题情境中，研究者"尝试运用某市 10 年来的项目服务资料揭示社会工作专业服务的特点与变迁"，这一研究方法属于内容分析法。内容分析主要采用定量研究方法，但也可采用定性分析技术，后者依靠研究者的阅读、感受、分析和理解，来解读、判断和挖掘信息中隐含的本质内容，故选项 A 正确。选项 B 表述错误，内容分析法的研究步骤与调查研究的一般步骤相近，但与实验研究的步骤是有明显区别的。实验研究通过严格的控制（实验组和对照组的安排与分配）和策划

（严格控制自变量的变化，消除或平衡掉无关变量的影响），探究自变量与因变量的因果关系，一般不包括抽样、编码等内容分析法的研究步骤，一般不采用定性分析技术。选项 C 表述错误，内容分析法对资料分析时，显性内容的输入和分析类似于标准问卷而非定性资料的编码。选项 D 表述错误，因为内容分析法对资料分析时，在依据某一类单位无法发现有价值信息时，可以变换为其他抽样单位。综上，本题应选 A。

2. B 考点：社会工作研究的主要功能

    解析：根据教材内容，在对象层面上，社会工作研究可以治疗和预防社会问题乃至社会危机，并协助服务对象在能力和意识层面得以提升；在专业层面上，社会工作研究可以改善社会工作实践和提升社会理论；在社会层面上，社会工作研究可以推进福利和促进公正。在本题情境中，选项 A 和 C 属于社会工作研究"在对象层面上"的功能；选项 D 属于社会工作研究"有助于社会工作者和社会服务机构实现自身增能"的间接功能；选项 B"丰富青少年正面成长理论与实务"更符合社会工作研究"在专业层面上"改善社会工作实践和提升社会理论的功能，故应选 B。

单元4 闯关题

一、单项选择题

1. 某城区计划开展一次居民环保观念与行为调查。负责该调查的社会工作者在访问员培训会上讲道："这次调查问卷主要包括三个部分，共 20 个调查问题。第一个部分是收集居民个人基本信息，第二个部分是了解居民的环保意识，第三个部分是考察居民关于垃圾分类的知识与行为……"上述社会工作者讲解的内容是（ ）。

  A. 介绍研究背景   B. 演练访问技巧

  C. 明确工作态度   D. 说明问卷内容

2. 下列关于定量研究和定性研究的说法，正确的是（ ）。

  A. 定量研究重在理解回答者所经历事实的含义、隐喻和象征，探索社会关系

  B. 定量研究中研究者被研究对象视为自己人，这样获得的资料比较真实

  C. 定性研究不一定事先建立研究假设，其假设可在研究过程中逐步形成和完善

  D. 定性研究由于重在领悟事实的本质，因此其所得结论具有很好的可推论性

3. 社会工作研究者根据某个具体问题，寻找出一些解释理论；根据理论提出假设后进行观察以检验假设；检验结果与理论不一致的，则修订理论或提出新的理论；然后提出新的假设，再次检验和修改；如此演进，直至理论完全解释研究问题。这种过程是采用（ ）的逻辑研究方法。

  A. 假设演绎法 B. 演绎推理   C. 归纳推理   D. 综合法

4. 某村共有 30 名儿童，社会工作者计划为他们开展自信心提升服务项目，拟采用标

准实验设计来研究项目效果。下列做法中，符合该研究设计要求的是（　　　）。

　　A. 按方便抽样原则抽取 10 名儿童参加项目

　　B. 让有兴趣和意愿的儿童自己报名参加项目

　　C. 按困难程度将儿童分为两组且其中一组参加项目

　　D. 用抓阄方法将儿童分为两组且其中一组参加项目

5. 下列陈述中，属于问卷结构中指导语的是（　　　）。

　　A. 本调查采用不记名方式，您的信息仅作研究之用，不会被公开

　　B. 通过对社区居民的随机抽样，您被选中参加本调查

　　C. 选择答案"2"的，请直接跳至第 5 题

　　D. 访问结束，谢谢您的合作

6. 某社会服务机构中 5 位社会工作者的月收入分别为 4500 元、6000 元、7000 元、6500 元和 4500 元。这些社会工作者月收入的中位数是（　　　）。

　　A. 4500 元　　　　　B. 6000 元　　　　　C. 6500 元　　　　　D. 7000 元

7. 社会工作者小方正在进行一项定性研究，探索低收入对家庭关系的影响。在开展研究时，小方必须（　　　）。

　　A. 从关于低收入和家庭关系的理论出发，形成研究假设

　　B. 在走访低收入家庭时保持价值中立，排除自身的影响

　　C. 随着对低收入家庭了解的加深，进一步修改和完善研究设计

　　D. 保证研究结果对于指导低收入家庭社会服务具有普遍意义

8. 根据问卷的设计要求，以下封面信缺少的是（　　　）。

城市家庭调查问卷

尊敬的居民：

　　您好！我们正在进行一项有关家庭生活质量和社会服务方面的调查。每一个家庭都希望能幸福、美满地生活，并对社会作出贡献，您的希望也是我们的愿望。但每个家庭都会面临这样那样的困难，也需要各种帮助和支持。我们的调查正是为了征求您的意见，了解您的需求，为下一步制订相关政策和服务方案提供依据。访问结果将会绝对保密，请不必有任何顾虑。

　　希望得到您的支持和合作。谢谢！

某市城市调查研究中心

××××年×月

　　A. 研究机构和保密原则　　　　　　　B. 调查者身份和研究机构

　　C. 保密原则和对象选择方法　　　　　D. 对象选择方法和调查者身份

9. 社会工作研究是科学的研究，它有一定的理论做指导，社会工作研究方法论对社会工作研究的进行具有指导作用。下列关于建构主义方法论的说法，正确的是（　　　）。

　　A. 该方法论注重通过研究对现实社会生活进行干预和改造

　　B. 该方法论强调对研究对象进行详细而深入的观察与分析

　　C. 该方法论强调对人的行为应从其主观的因素方面去理解

　　D. 该方法论强调研究结果是主体互动而达到的生成性理解

10. 访问是社会工作定性研究的重要方法，如果访问对象是家庭暴力、性侵害的受害方，研究者应该（　　）。

    A. 尽量将敏感话题放在访谈最后部分

    B. 为研究对象提供支持

    C. 对研究对象进行面质

    D. 马上中断对研究对象的访问

二、多项选择题

11. 社会工作者老王采用个案研究方法，与服务对象小军一起回忆戒毒的心路历程，并总结成功戒毒的经验。关于上述研究的说法，正确的有（　　）。

    A. 该研究能呈现小军戒毒过程的独特性

    B. 该研究收集的资料必须使用量表测量

    C. 该研究需要遵循严格的前测后测步骤

    D. 该研究过程需要注重小军的主观感受

    E. 研究中老王需回顾反思与小军的关系

12. 社会工作者小郑在养老院为失智老人提供服务，他通过 3 年的行动研究获得了一些减缓老人失智的方法。上述小郑的研究，具有的直接功能有（　　）。

    A. 协助养老院反思为老服务　　　B. 提升养老院在本地的知名度

    C. 改善失智老人的照护实践　　　D. 帮助公众了解失智老人的特点

    E. 帮助养老院其他老人预防失智

13. 某青少年服务中心社会工作者小张为社区青少年开展成长小组活动，以提高其自信水平，并采用实验法进行设计。他首先招募了 20 名社区青少年，将其随机配对为 A、B 两组；其次运用自信量表对所有 20 名社区青少年进行测量，发现两组的自信水平非常接近；小张随后对 A 组开展了若干次小组活动，B 组则无任何专门安排；最后测量两组青少年的自信水平，并比较其差异。在此过程中，主要内容有（　　）。

    A. A 组是控制组　　　B. 自变量是几次小组活动

    C. 研究者采用前后测控制组设计　　　D. B 组是控制组

    E. 两组最后测量结果的差异可以视为几次小组活动的效果

14. 报告撰写和成果应用阶段，撰写的研究报告要与方法论和研究方法呼应，采用了定量研究方法，报告结构应该依照定量研究范式展开；采用了定性研究和定量研究结合的方法，研究报告要体现二者结合的特性。报告撰写还要注意的原则包括（　　）。

    A. 研究标题应该引人入胜　　　B. 研究建议应该重点突出

    C. 研究资料的完整性和逻辑性　　　D. 定量资料和定性资料结合

    E. 研究报告风格朴实积极

15. 某居家养老服务中心的社会工作者希望通过问卷调查了解老年人的社会支持网络情况。问卷问题设计中应避免出现"双重含义"。下列问题中具有"双重含义"的是（　　）。

    A. 您的性别？（1）男（2）女

    B. 您的亲戚和朋友多吗？（1）很多（2）较多（3）一般（4）较少（5）很少

    C. 当心情烦闷时，您最喜欢找谁聊天？（1）家人（2）过去的同事

    （3）社会工作者（4）邻居（5）其他（请说明）

D. 您是否接受过志愿者的帮助？（1）是 （2）否

E. 您和儿女的关系好吗？（1）很差 （2）较差 （3）一般 （4）较好 （5）很好

参考答案

一、单项选择题

1. D   考点：访问员选拔和培训
2. C   考点：定量研究和定性研究的差异
3. A   考点：社会工作研究的一般逻辑
4. D   考点：实验研究常用类型中的标准实验设计
5. C   考点：问卷调查中的问卷结构
6. B   考点：描述单变量的集中趋势和离中趋势
7. C   考点：定性研究的特点
8. D   考点：问卷调查中的问卷结构
9. D   考点：社会工作研究方法论和研究范式中的建构主义方法论
10. A   考点：问题和答案设计

二、多项选择题

11. ADE   考点：个案研究的特点
12. CE   考点：社会工作研究的直接功能
13. BCDE   考点：实验研究的三对要素
14. CDE   考点：报告撰写的基本原则
15. BE   考点：问卷调查的问题和答案设计

大纲增补内容模拟题

一、单项选择题

1. 加强社区工作者的政治素质培养，要增强（　　）、大局意识、核心意识、看齐意识。

A. 专业意识　　　　B. 主人意识　　　　C. 管理意识　　　　D. 政治意识

2. 社区工作者队伍建设，要坚持以习近平新时代中国特色社会主义思想为指导，深入贯彻党的二十大精神，全面贯彻习近平总书记关于基层治理的重要论述，坚持和加强党的全面领导，坚持为民服务，坚持（　　）方向，坚持激励和约束并重，着力健全职业体系。

A. 职业化　　　　B. 专业化　　　　C. 全面化　　　　D. 实事求是

3. 建强社区"两委"班子，要做到（　　）、敢于担当、善于治理、群众信任。

A. 专业性强　　　　B. 政治过硬　　　　C. 有专业学历　　　　D. 技术过硬

4. 要组织推动社区工作者认真学习贯彻习近平新时代中国特色社会主义思想，特别是习近平总书记关于基层治理的重要论述，坚定道路自信、（　　）、制度自信、文化自信。

A. 人格自信　　　　B. 专业自信　　　　C. 能力自信　　　　D. 理论自信

5. 要对社区工作者加强政治训练，强化思想政治教育，增强社区工作者辨别政治是非、保持政治定力的能力。开展政策法规教育，引导社区工作者自觉在党和国家工作（　　）下开展工作。

A. 指导　　　　B. 引领　　　　C. 大局　　　　D. 协调

6. 要坚持把（　　）放在首位，吸收拥护中国共产党的领导、思想政治素质好、遵纪守法、热心为居民群众服务的人员进入社区工作者队伍。

A. 专业标准　　　　B. 工作能力　　　　C. 群众关系　　　　D. 政治标准

7. 中国特色社会主义最本质的特征是中国共产党领导，中国特色社会主义制度的最大优势是中国共产党领导，中国共产党是最高政治领导力量，坚持党中央集中统一领导是最高政治原则，系统完善党的领导制度体系，全党增强"四个意识"，自觉在思想上政治上行动上同党保持高度一致，不断提高政治判断力、（　　）、政治执行力，确保党中央权威和集中统一领导，确保党发挥总揽全局、协调各方的领导核心作用，我们这个拥有九千六百多万党员的马克思主义政党更加团结统一。

A. 政治领导力　　　　B. 思想引领力　　　　C. 社会号召力　　　　D. 政治领悟力

8. 当前，我国社会主要矛盾是人民日益增长的（　　）需要和不平衡不充分的发展之间的矛盾。

A. 经济发展　　　　B. 美好环境　　　　C. 美好生活　　　　D. 美好住房

9. 我们坚持走中国特色社会主义政治发展道路,全面发展全过程人民民主,社会主义民主政治制度化、规范化、(　　)全面推进。

A. 专业化　　　　B. 智能化　　　　C. 程序化　　　　D. 形式化

10. 我们深入推进全面从严治党,坚持打铁必须自身硬,从制定和落实中央八项规定开局破题,提出和落实新时代党的建设总要求,以党的政治建设统领党的建设各项工作,坚持思想建党和制度治党同向发力,严肃党内政治生活,持续开展党内集中教育,提出和坚持新时代党的组织路线,突出政治标准选贤任能,加强政治巡视,形成比较完善的党内法规体系,推动全党(　　)、严密组织体系、严明纪律规矩。

A. 坚定理想信念　　　　　　　　　　B. 坚定发展信念

C. 坚定市场经济信念　　　　　　　　D. 坚持廉洁反腐

11. 坚持和发展马克思主义,必须同中国具体实际相结合。我们坚持以马克思主义为指导,是要运用其科学的世界观和方法论解决中国的问题,而不是要背诵和重复其具体结论和词句,更不能把马克思主义当成一成不变的教条。我们必须坚持解放思想、实事求是、与时俱进、(　　),一切从实际出发,着眼解决新时代改革开放和社会主义现代化建设的实际问题。

A. 不断探索　　　　B. 求真务实　　　　C. 科学研究　　　　D. 联系群众

12. (　　)是马克思主义的本质属性,党的理论是来自人民、为了人民、造福人民的理论,人民的创造性实践是理论创新的不竭源泉。

A. 人民性　　　　B. 理论性　　　　C. 革命性　　　　D. 批判性

13. 问题是时代的声音,回答并指导解决问题是理论的根本任务。今天我们所面临问题的复杂程度、解决问题的艰巨程度明显加大,给理论创新提出了全新要求。我们要增强问题意识,聚焦实践遇到的新问题、改革发展稳定存在的深层次问题、(　　)、国际变局中的重大问题、党的建设面临的突出问题,不断提出真正解决问题的新理念新思路新办法。

A. 高新技术产业发展问题　　　　　　B. 国际环境持续复杂问题

C. 市场经济深入发展问题　　　　　　D. 人民群众急难愁盼问题

14. 中国式现代化是全体人民共同富裕的现代化。共同富裕是中国特色社会主义的本质要求,也是一个长期的历史过程。我们坚持把实现人民对美好生活的向往作为现代化建设的出发点和落脚点,着力维护和促进社会公平正义,着力促进全体人民共同富裕,坚决防止(　　)。

A. 因病返贫　　　　B. 两极分化　　　　C. 发展失衡　　　　D. 松劲懈怠

15. 深入推进改革创新,坚定不移扩大开放,着力破解深层次体制机制障碍,不断彰显中国特色社会主义制度优势,不断增强社会主义现代化建设的动力和活力,把我国制度(　　)更好转化为国家治理效能。

A. 环境　　　　B. 条件　　　　C. 优势　　　　D. 结构

16. 乡村振兴是我国重要的发展战略。发展乡村特色产业,拓宽农民增收致富渠道。巩固拓展脱贫攻坚成果,增强脱贫地区和脱贫群众(　　)。

A. 内生发展动力　　B. 市场资源　　C. 外部支持　　　　D. 政策支持

17. 我国是工人阶级领导的、以工农联盟为基础的人民民主专政的社会主义国家,国家一切权力属于人民。人民民主是社会主义的生命，是全面建设社会主义现代化国家的应有之义。（　　）人民民主是社会主义民主政治的本质属性，是最广泛、最真实、最管用的民主。

A. 全面　　　　　　　B. 全过程　　　　　　C. 基层　　　　　　D. 社区

18. 深化工会、共青团、妇联等群团组织改革和建设，有效发挥（　　）作用。

A. 动员群众　　　　　B. 组织群众　　　　　C. 服务群众　　　　D. 桥梁纽带

19. 基层民主是全过程人民民主的重要体现。健全基层党组织领导的基层群众（　　）机制，加强基层组织建设，完善基层直接民主制度体系和工作体系，增强城乡社区群众自我管理、自我服务、自我教育、自我监督的实效。

A. 团结　　　　　　　B. 服务　　　　　　　C. 自治　　　　　　D. 动员

20. 社会工作是党和国家工作的重要组成部分，事关党长期执政和国家长治久安，事关（　　）和人民幸福安康。

A. 社会和谐稳定　　　　　　　　　B. 社会基层服务

C. 社会组织改革　　　　　　　　　D. 社区社会组织

21. 要坚持以习近平新时代中国特色社会主义思想为指导，全面贯彻党的二十大和二十届二中、三中全会精神，坚持以人民为中心，践行新时代党的群众路线，坚定不移走中国特色社会主义社会治理之路，健全社会工作体制机制，突出抓好新经济组织、新社会组织、新就业群体党的建设，不断增强党在新兴领域的（　　）凝聚力影响力。

A. 号召力　　　　　　B. 组织力　　　　　　C. 行动力　　　　　D. 动员力

22. 抓好党建引领基层治理和基层政权建设；抓好凝聚服务群众工作，推动新时代社会工作（　　）发展。

A. 快速　　　　　　　B. 高质量　　　　　　C. 广泛　　　　　　D. 集中

23. 习近平总书记强调，做好社会工作是全党共同责任。各级党委（党组）要扛起政治责任，加强组织领导和统筹协调，确保党中央关于社会工作的决策部署落到实处；各地和有关部门要主动作为、（　　），坚持管行业也要管党建，形成做好社会工作的强大合力。

A. 全面合作　　　　　B. 合作共赢　　　　　C. 协同联动　　　　D. 携手前行

24. 要把加强新兴领域党的建设作为重中之重，加强统筹协调，坚持分类指导，突出抓好新经济组织、新社会组织、新就业群体党建工作，推进党的组织覆盖和（　　），促进新兴领域健康发展。

A. 工作覆盖　　　　　B. 活动覆盖　　　　　C. 人员覆盖　　　　D. 领域覆盖

25. 加强党建引领基层治理和基层政权建设，破解基层治理"小马拉大车"突出问题，统筹推进为基层赋能和减负。扎实做好凝聚服务群众工作，坚持和发展新时代"枫桥经验"，推进信访工作法治化，做好人民建议征集，发展（　　）。

A. 志愿服务事业　　　　　　　　　B. 社区服务事业

C. 社会工作专业　　　　　　　　　D. 老年人服务事业

26. 强化思想政治动员，引导广大干部群众积极参与志愿服务。发挥（　　）作用，把志愿服务作为牢记初心使命、践行党的群众路线的重要载体。

A. 社区居委会领导和骨干　　　　　B. 社会工作机构和专业社工

C. 基层党组织引领和党员带头　　　D. 社区社会组织和居民

27. 坚持引导发展和规范管理并重，指导志愿服务组织完善内部治理，依法依规依章程开展活动，提升（　　）。完善志愿者招募、注册制度，制定行为准则、服务规范，明确权利义务。

A. 社会公信力　　　　　　　　　B. 社会认知度

C. 社会服务范围　　　　　　　　D. 社会服务途径

28. 在提高志愿者能力素质方面，对需要专门知识、技能的志愿服务坚持（　　）。

A. 先培训再上岗　　　　　　　　B. 先参与再提升

C. 先评估再服务　　　　　　　　D. 先服务再学习

29. 招聘社区专职工作人员遵循公开公平、竞争择优原则，鼓励（　　）。积极吸纳高等学校毕业生、退役军人、社会工作专业人才等，持续优化社区工作者队伍结构。

A. 高学历、高素质　　　　　　　B. 男女平等

C. 就近就便、职住兼顾　　　　　D. 专业的多元化

30. 社区工作者，是指在社区从事党建、治理、服务工作的全日制专职工作人员，主要包括社区党组织成员、社区居民委员会成员中的专职人员和（　　）。

A. 社区专职工作人员　　　　　　B. 专职物工作人员业

C. 业主委员会成员　　　　　　　D. 社区社会组织负责人

二、多项选择题

31. 社区工作者，是指在社区从事（　　）工作的全日制专职工作人员，主要包括社区党组织成员、社区居民委员会成员中的专职人员和社区专职工作人员。

A. 党建　　　B. 指导　　　C. 治理　　　D. 技术　　　E. 服务

32. 《中共中央办公厅　国务院办公厅关于加强社区工作者队伍建设的意见》总体要求提出，用5年左右时间实现的主要目标包括：社区工作者职业体系基本建立，（　　），关心关爱社区工作者氛围日益浓厚。

A. 能力建设不断强化　　　　　　B. 管理制度更加科学

C. 获得中级社工师资格　　　　　D. 激励保障机制愈加健全

E. 社区工作者人员学历提升

33. 深化党的创新理论武装，组织推动社区工作者认真学习贯彻习近平新时代中国特色社会主义思想特别是习近平总书记关于基层治理的重要论述，深刻领悟"两个确立"的决定性意义，增强"四个意识"、坚定"四个自信"、做到"两个维护"。其中的"四个自信"是指（　　）。

A. 人格自信　　B. 道路自信　　C. 理论自信　　D. 制度自信　　E. 文化自信

34. 我们深入贯彻以人民为中心的发展思想，在幼有所育、学有所教、劳有所得、（　　）、弱有所扶上持续用力，人民生活全方位改善。

A. 病有所医　　B. 老有所养　　C. 学有所得　　D. 住有所居　　E. 生有所养

35. （　　）是社会主义现代化的根本要求。物质贫困不是社会主义，精神贫乏也不是社会主义。

A. 物质富足　　B. 物质文明　　C. 精神富有　　D. 精神文明　　E. 环境优美

36. 到二〇三五年，基本实现国家治理体系和治理能力现代化，全过程人民民主制度更加健全，基本建成（　　）。

A. 法治国家　　B. 法治政府　　C. 法治社会　　D. 法治社区　　E. 法治城市

37. 坚持以人民为中心的发展思想就是要维护人民根本利益，增进民生福祉，不断实现（　　），让现代化建设成果更多更公平惠及全体人民。

A. 发展需要人民　　　　　　　　B. 发展依靠人民

C. 发展为了人民　　　　　　　　D. 发展依托人民

E. 发展成果由人民共享

38. 我们要健全人民当家做主制度体系，扩大人民有序政治参与，保证人民依法实行（　　）、民主管理、民主监督，发挥人民群众积极性、主动性、创造性，巩固和发展生动活泼、安定团结的政治局面。

A. 民主决定　　B. 民主选举　　C. 民主协商　　D. 民主决策　　E. 民主制度

39. 当前我国社会结构正在发生深刻变化，尤其是新兴领域迅速发展，（　　）大量涌现，新就业群体规模持续扩大，社会工作面临新形势新任务，必须展现新担当新作为。

A. 社会群体　　　　B. 新经济组织　　　　C. 新经济领域

D. 新社会组织　　　　E. 新就业群体

40. 到 2035 年，基本形成（　　）的志愿服务制度和工作体系，志愿队伍素质过硬、管理规范，服务领域不断扩展，服务能力显著提升，助力经济社会发展作用更加突显。

A. 系统完备　　B. 专业性强　　C. 科学规范　　D. 服务全面　　E. 协同高效

41. 根据习近平总书记关于加强社区服务能力建设，更好为群众提供精准化精细化服务的重要论述，以下措施符合要求的是（　　）。

A. 加强基层党组织建设，完善网格化管理、精细化服务、信息化支撑的基层治理平台

B. 增强城乡社区服务能力，发挥好在困难救助、矛盾调处、权益维护等方面的作用

C. 推进服务办理便捷化，优化办事流程，减少办理环节

D. 把社区便民服务中心建设好，强化社区为民、便民、安民功能

E. 主要通过线上平台提供服务，减少线下服务资源投入

42. 为推动志愿服务事业高质量发展，健全新时代志愿服务体系，《中共中央办公厅国务院办公厅关于健全新时代志愿服务体系的意见》中提到要健全覆盖广泛的志愿服务阵地体系，其中包括以下（　　）等内容。

A. 完善站点布局　　　　　　　　B. 提升服务功能

C. 推进数字化建设　　　　　　　D. 推进标准化建设

E. 推进制度化建设

43. 为推动志愿服务事业高质量发展，健全新时代志愿服务体系，《中共中央办公厅国务院办公厅关于健全新时代志愿服务体系的意见》中提到要健全特色鲜明的志愿文化体系，其中包括以下（　　）等内容。

A. 加厚传统文化基础　　　　　　B. 厚植志愿文化基础

C. 营造志愿文化氛围　　　　　　D. 营造现代化氛围

E. 增强志愿文化自觉

44. 为推动志愿服务事业高质量发展，健全新时代志愿服务体系，《中共中央办公厅国务院办公厅关于健全新时代志愿服务体系的意见》中提到要加强组织领导，其中包括以下（　　）等内容。

A. 提高政治站位　　　　　　　　B. 强化党建引领

C. 统筹协同推进　　　　　　　　D. 志愿服务组织性

E. 志愿服务多元性

45. 社区工作者队伍建设主要目标包括：社区工作者职业体系基本建立，能力建设不断强化，管理制度更加科学，激励保障机制愈加健全，关心关爱社区工作者氛围日益浓厚；社区工作者（　　）全面加强，队伍结构持续优化，收入待遇合理保障，职业认同感和自豪感切实增强，为民爱民、干事创业的精气神进一步提升。

A. 政治素质　　B. 职业体系　　C. 履职能力　　D. 工作作风　　E. 激励保障

参考答案

一、单项选择题

1. D　　考点：《中共中央办公厅　国务院办公厅关于加强社区工作者队伍建设的意见》（加强能力建设）

2. B　　考点：《中共中央办公厅　国务院办公厅关于加强社区工作者队伍建设的意见》（总体要求）

3. B　　考点：《中共中央办公厅　国务院办公厅关于加强社区工作者队伍建设的意见》（健全职业体系）

4. D　　考点：《中共中央办公厅　国务院办公厅关于加强社区工作者队伍建设的意见》（加强能力建设）

5. C　　考点：《中共中央办公厅　国务院办公厅关于加强社区工作者队伍建设的意见》（加强能力建设）

6. D　　考点：《中共中央办公厅　国务院办公厅关于加强社区工作者队伍建设的意见》（健全职业体系）

7. D　　考点：党的二十大报告

8. C　　考点：党的二十大报告

9. C　　考点：党的二十大报告

10. A　　考点：党的二十大报告

11. B　　考点：党的二十大报告

12. A　　考点：党的二十大报告

13. D　　考点：党的二十大报告

14. B　　考点：党的二十大报告

15. C　　考点：党的二十大报告

16. A　　考点：党的二十大报告

17. B　　考点：党的二十大报告

18. D　　考点：党的二十大报告

19. C　　考点：党的二十大报告

20. A　　考点：习近平总书记对社会工作的重要指示

21. A	考点：习近平总书记对社会工作的重要指示
22. B	考点：习近平总书记对社会工作的重要指示
23. C	考点：习近平总书记对社会工作的重要指示
24. A	考点：习近平总书记对社会工作的重要指示
25. A	考点：习近平总书记对社会工作的重要指示
26. C	考点：《中共中央办公厅　国务院办公厅关于健全新时代志愿服务体系的意见》
27. A	考点：《中共中央办公厅　国务院办公厅关于健全新时代志愿服务体系的意见》
28. A	考点：《中共中央办公厅　国务院办公厅关于健全新时代志愿服务体系的意见》
29. C	考点：《中共中央办公厅　国务院办公厅关于加强社区工作者队伍建设的意见》（健全职业体系）
30. A	考点：《中共中央办公厅　国务院办公厅关于加强社区工作者队伍建设的意见》（健全职业体系）

二、多项选择题

31. ACE	考点：《中共中央办公厅　国务院办公厅关于加强社区工作者队伍建设的意见》（健全职业体系）
32. ABDE	考点：《中共中央办公厅　国务院办公厅关于加强社区工作者队伍建设的意见》（总体要求）
33. BCDE	考点：《中共中央办公厅　国务院办公厅关于加强社区工作者队伍建设的意见》（加强能力建设）
34. ABD	考点：党的二十大报告
35. AC	考点：党的二十大报告
36. ABC	考点：党的二十大报告
37. BCE	考点：党的二十大报告
38. BCD	考点：党的二十大报告
39. BD	考点：习近平总书记对社会工作的重要指示
40. ACE	考点：《中共中央办公厅　国务院办公厅关于健全新时代志愿服务体系的意见》
41. ABCD	考点：《习近平关于基层治理论述摘编》（加强社区服务能力建设，更好为群众提供精准化精细化服务）
42. ABC	考点：《中共中央办公厅　国务院办公厅关于健全新时代志愿服务体系的意见》
43. BCE	考点：《中共中央办公厅　国务院办公厅关于健全新时代志愿服务体系的意见》
44. ABC	考点：《中共中央办公厅　国务院办公厅关于健全新时代志愿服务体系的意见》
45. ACD	考点：《中共中央办公厅　国务院办公厅关于加强社区工作者队伍建设的意见》（总体要求）

全真模拟试题 (一)

一、单项选择题（共60题，每题1分。每题的备选项中，只有1个最符合题意）

1. 党的十九大以来，党建引领社区治理成为基层社区治理的基本模式，为社会工作专业参与社区治理创造了机会和途径。下列做法中，最能体现社会工作专业参与社区治理的是（　　）。

A. 社会工作者为困难群体提供专业服务

B. 规范社会工作服务机构内部治理

C. 要求社会工作者熟悉各种法律法规

D. 要求社会工作者更多地承担居委会工作

2. 社会工作者小王为了促进新入住小区邻里间互助，组织居民参与社区志愿服务，发现有需要的居民，特别是高龄老人，为他们提供帮助。这在居民之间形成了融洽的氛围，培养了互助的风气。小王的上述工作体现了社会工作文化层面的目标是（　　）。

A. 激发潜能　　　B. 促进社会公正　　　C. 促进发展　　　D. 促进社会团结

3. 某高校社会工作者小兰正在开展一项困难大学生助学项目的受益情况调查。小兰利用深度访谈记录、问卷调查结果、项目服务记录等资料，分析困难大学生对该助学项目的认识和看法，并提出完善建议。小兰的上述做法中，体现的间接服务角色是（　　）。

A. 研究者　　　B. 行政管理者　　　C. 倡导者　　　D. 关系协调者

4. 下列服务内容中，体现社会工作"建构社会资本"功能的是（　　）。

A. 为老旧小区获取资源进行适老化改造

B. 为居民组织公益活动培育共同体意识

C. 为肢体残障人士开展技能培训促进就业

D. 为社区居民开展法律培训维护社区秩序

5. 社会工作者小姜在社区走访中了解到社区中新来的随迁老人与本地人较难交流，也较少有机会参加社区活动，于是小姜策划小组活动帮助随迁老人尽快融入社区生活。小姜的下列做法中，最能体现支持者角色的是（　　）。

A. 负责小组活动带领与管理　　　B. 邀请社区工作者观摩小组活动

C. 评估随迁老人的正向改变　　　D. 鼓励随迁老人了解当地的风俗

6. 社会工作是社会工作者有意识、有目的帮助他人的活动，也是社会工作者向服务对象提供社会服务的过程。关于社会工作过程的说法，正确的是（　　）。

A. 社会工作过程是社会工作者给予服务对象必需品的过程

B. 社会工作过程是社会工作者与服务对象持续互动的过程

C. 社会工作过程是社会工作者为主，服务对象为辅的合作过程

D. 社会工作过程是服务对象为主，社会工作者为辅的合作过程

7. 社会工作者老宋主要负责养老驿站的运营工作。下列老宋的工作中，体现他具备"发展专业能力"的是（　　）。

A. 评估上门服务过程中存在的风险并合理设计服务

B. 与业内其他机构建立合作关系共享服务资源

C. 为高龄独居老年人提供政策咨询并协助维护权益

D. 总结养老驿站运营的经验促成养老服务体系建设

8. 随着社会发展，社会工作不仅注重缓解特殊群体的物质生活困难，还开始关注那些在心理健康、人际关系、工作适应等方面需要帮助的人群。这体现了社会工作（　　）。

A. 服务对象的拓展　　　　　　　B. 专业方法的发展

C. 目标模式的变化　　　　　　　D. 基本理念的变化

9. 社会工作专业价值观是社会工作专业共同体认同的基本价值观。关于社会工作价值观作用的说法，正确的是（　　）。

A. 社会工作价值观有助于社会工作者维护社会公正

B. 社会工作价值观可维护社会工作服务机构的制度

C. 社会工作价值观要求社会工作者满足服务对象愿望

D. 社会工作价值观促进社会工作者更好维护自身权益

10. 社会工作者在服务过程中既不能把自己的价值观强加于服务对象，也不能用专业价值观评判服务对象的言行。并且社会工作者不能将自己的情绪带到服务过程中。上述做法体现的社会工作基本信念和实践原则是（　　）。

A. 尊重与接纳　　　　　　　　　B. 尊重与服务对象自我决定

C. 独特性与接纳　　　　　　　　D. 尊重与对服务对象非评判

11. 社会工作者小黄为社区流动儿童小琴开展个案服务。在接案阶段，小黄发现小琴和自己是同乡。接案后，在与小琴父母接洽过程中，发现小琴一家和自己是远房亲戚。此时，社会工作者面临的伦理难题是（　　）。

A. 双重关系　　B. 知情同意　　C. 多元文化　　D. 专业能力

12. 养老院的社会工作者为失智老人开展服务前，需要征得其监护人同意，并让监护人对服务内容进行选择。这种情况体现的社会工作实践原则是（　　）。

A. 接纳　　　　B. 个别化处理　　C. 保密　　　　D. 当事人自决

13. 社会工作者小李从事戒毒康复社会工作时间不长，他希望能够秉持社会工作价值观，与服务对象建立良好的专业关系。下列小李的做法中，体现了社会工作非评判原则的是（　　）。

A. 避免议论指责服务对象的言行　　B. 与服务对象进行充分的情感交流

C. 理解认同服务对象的生活方式　　D. 视服务对象为工作中的合作伙伴

14. 小山曾因交友不慎而吸毒，经社会工作者帮助成功戒毒。但是，因为过往的经历，社区居民都躲着他，不愿意与他交往。小山很苦恼，向社会工作者求助。根据阿尔德弗尔的 ERG 理论，小山的需要属于（　　）。

A. 生存需要　　B. 关系需要　　C. 成长需要　　D. 中介需要

15. 初三学生小亮父母因为经商经常不在家，对小亮的经济要求有求必应，学业上和

成长方面则基本没时间过问。小亮父母的教养方式属于（   ）。

    A. 娇纵型   B. 支配型   C. 专制型   D. 放任型

16. 近年来，随着互联网的快速发展，人们越来越多地进行网上购物，越来越频繁地使用移动支付，这些与互联网紧密相连的活动重塑了人们的消费方式。上述变化说明（   ）。

    A. 个人行为也可以改变社会环境   B. 人类行为对社会环境影响更大

    C. 人类行为受遗传因素影响更大   D. 社会环境的变化影响人类行为

17. 林先生年轻时虽然工作繁忙，但是，只要一有空就会和一帮朋友喝酒打牌。随着年龄的增长，逐渐变得顾家了。工作再忙他也会抽出时间陪孩子，与妻子一起做家务。林先生的上述情况，符合中年阶段社会性发展特征的是（   ）。

    A. 责任意识增强   B. 社会角色转变

    C. 社会情感发展   D. 认知能力发展

18. 防卫机制是弗洛伊德的精神分析理论的重要概念。适当的防卫，对人的心理健康是有益的。根据精神分析理论的界定，防卫机制的功能是（   ）。

    A. 察觉潜意识经验   B. 满足本我欲求

    C. 决定个人的行为   D. 缓解内在冲突

19. 赵先生父亲脾气暴躁，赵先生小时候经常被父亲打。甚至长大以后赵先生对父亲还是心存畏惧，父子关系疏离。最近，赵先生因工作失误，被单位辞退，心情非常沮丧。恰在这时，父亲打电话说要来赵先生这里和他一起生活。赵先生很紧张，不知如何是好，向社会工作者求助。根据精神分析理论，社会工作者在与赵先生建立专业关系时需特别注意（   ）。

    A. 让赵先生感受到支持与安全   B. 与赵先生形成指导性的关系

    C. 激发赵先生个人的内在价值   D. 与赵先生建立平等伙伴关系

20. 初中生小美的父母离异，父亲因诈骗入狱，她跟爷爷奶奶一起生活。小美经常听到周围邻居议论自己家的事情，她也因此感到低人一等，认为自己没有什么优点，很自卑。小美不想让同学知道自己的情况，与同学关系疏远，总是独来独往。班主任老师观察到小美的情况，将其转介给学校社会工作者。根据增能理论，社会工作者的下列做法，最能体现个人层面增能的是（   ）。

    A. 消除邻里对小美一家人的偏见   B. 提升小美应对其他人歧视的能力

    C. 为小美一家争取社区系统支持   D. 邀请小美参加社区儿童支持小组

21. 因父母常年在外打工，小华自小由爷爷奶奶照顾，最近刚被父母接到身边上学。父母对小华非常疼爱，但亲子之间冲突不断。社会工作者经与小华谈话发现，小华认为父母多年将自己"扔"在家里，根本不关心自己，于是心怀不满，故意与父母作对。社会工作者分析认为，小华目前最主要的问题是对父母的误解很深，于是将工作的首要目标确定为协助小华改变对父母的负面看法。社会工作者制定工作目标的主要依据是（   ）。

    A. 精神分析理论   B. 认知行为理论

    C. 存在主义理论   D. 增强权能理论

22. 小远自小住校，大学毕业后一直没有找到工作，在父母的抱怨声中，小远日渐自我封闭，沉迷于虚拟的网络世界难以自拔。在与社会工作者的交谈中，小远表示，自己非常没用，找不到工作，几次戒除网瘾也没成功。依据生态系统理论，社会工作者为小远提供帮助时应重点关注（   ）。

A. 小远幼年时期的经历　　　　　　B. 小远的自我认知水平

C. 小远与家人之间的关系　　　　　D. 小远过去戒网瘾的方法

23. 刘女士最近与男朋友关系不和，情绪低落，影响了工作和生活，因而向社会工作者小林求助。但最近的两次面谈，刘女士都失约了。小林问及失约的原因，刘女士说："我也不知道怎么就忘记了，我这两次都是提醒自己的。但每次见你之前我都跟我男朋友打电话，然后我们就在电话中吵了起来，他最近对我很冷漠，我就赌气跟他说我们没法儿继续了。"小林说："你最近对男友有很多不满，我也在帮你想这是怎么回事，咱们一直在尝试找出你忘记面谈的原因。你每次都说起男友，说他如何如何不好，觉得自己早该跟他分手，我想这是不是就是你忘记来见我的原因呢？"根据精神分析理论，小林的回应采用的技巧是（　　　）。

A. 治疗情境　　　B. 治疗关系　　　C. 自由联想　　　D. 诠释过程

24. 七年级学生小薛个性十分要强，凡事都要争第一。近日，因为输了一场篮球赛，小薛情绪低落，母亲说了他两句，他就要离家出走。父亲常年出差，无暇顾及家庭。小薛的情况让母亲十分着急，于是向社会工作者小王求助。小王为小薛提供个案服务的首要任务是（　　　）。

A. 帮助小薛增强自我情绪管理能力　　B. 邀请母亲参加社区亲职能力小组

C. 鼓励小薛多加训练提高篮球技能　　D. 辅导父亲以提高其亲子沟通能力

25. 服务对象："我考试没考好，我妈妈会骂我的！"社会工作者："妈妈骂你的时候会怎么样呢？"服务对象："特别凶，我很害怕。"社会工作者："你妈妈平时也是这样吗？"服务对象："平时对我很好的。"社会工作者："以前妈妈对你发火的时候会把你怎么样？"服务对象："也没怎么样，过后就没事了。"根据理性情绪治疗模式，上述对话体现社会工作者使用的技巧是（　　　）。

A. 自我表露　　　B. 替代性选择　　　C. 理性功课　　　D. 去灾难化

26. 张女士总是投诉邻居噪声影响她休息。在个案服务中，张女士抱怨社会工作者只听信邻居的话，不相信她的话。社会工作者回应道："我们社会工作者是有专业伦理的，我们既要听你的意见，也要听邻居的意见。双方的意见我都会同样认真对待，我很想和你一起解决问题。"根据人本治疗模式，上述对话反映个案辅导关系的特点是（　　　）。

A. 表里如一　　　B. 不评价　　　C. 同感　　　D. 无条件接纳

27. 王先生长期卧病在床，最近又查出了癌症。他还抱怨家人不管他，产生了自杀念头。社会工作者发现后，运用危机介入模式开展服务。在运用危机介入模式时，社会工作者首先要做的是（　　　）。

A. 澄清王先生的非理性信念　　　B. 确定将要完成的各项任务

C. 了解王先生童年主要经历　　　D. 迅速厘清王先生的主要问题

28. 小曹遭到了网络诈骗，准备用来结婚盖房子的钱全部被骗走。小曹觉得自己太傻，自己没用，生活无望，无脸面对家人，继而动起了自杀念头。邻居发现后向社会工作者报告了情况。社会工作者立即开展危机介入。运用危机介入模式开展服务时，社会工作者首先要（　　　）。

A. 缓解小曹与家人的矛盾　　　B. 判断小曹自杀的可能性

C. 辨识小曹的非理性信念　　　D. 帮助小曹识别网络诈骗

29. 社会工作者王岗在社区带领一个青少年社交小组。在某一节小组活动中，他邀请组员随机选择一个组员的共同特征，例如戴眼镜的、戴帽子的等。被选中有相同特征的组员要彼此介绍自己。上述情境，最有可能出现的小组阶段是（　　）。

    A. 准备阶段   B. 开始阶段   C. 转折阶段   D. 成熟阶段

30. 学校社会工作者发现学生家长因为要辅导孩子写作业，与孩子有冲突，压力很大。于是，社会工作者为家长开展小组服务，教授学生家长与学生沟通的方法，缓解家长的压力；在小组互动环节，家长们分享了教育子女的经验。上述针对家长开展的小组类型是（　　）。

    A. 教育小组和成长小组   B. 成长小组和治疗小组
    C. 成长小组和支持小组   D. 教育小组和支持小组

31. 某地发生地震。在灾后恢复阶段，社会工作者为居民开设心理支持小组，社会工作者运用输入希望、自我表露、互助支持、接纳自我等专业技巧，促进组员的改变。社会工作者的这些做法主要体现出的小组工作特点是（　　）。

    A. 关注组员问题相似性   B. 强调组员的民主参与
    C. 重视小组治疗性因素   D. 注重组员的个人能力

32. 在小组工作进程中，有的组员很健谈，就像俗称的"麦霸"。也有的组员很沉默，总是抢不上话头。这时社会工作者应采用（　　）技巧。

    A. 鼓励和沉默   B. 限制和鼓励   C. 中立和沉默   D. 提问和引导

33. 社会工作者在社区寻访中，发现有一位女士躲在社区小花园里哭泣。社会工作者有意接近她，并了解到她最近刚刚失业，丈夫卧病在床，孩子学习成绩也不好。她觉得生活很艰难。社会工作者在征得其同意后，开始为她提供个案服务。该服务对象来源属于（　　）。

    A. 外展工作   B. 本人求助   C. 个案访谈   D. 社区转介

34. 社会工作者小黄邀请居民、物业和居委会工作人员一起协商小区公共健身场地噪声扰民问题。经过多次协商，制订了小区公共健身场地管理方案，由物业对健身器材进行维护，减少噪声，制订居民健身场地使用公约，减少扰民行为。从地区发展模式的角度看，小黄在上述工作过程中所扮演的角色是（　　）。

    A. 顾问   B. 协调者   C. 技术专家   D. 方案实施者

35. 社会工作者小强在一个新入住商品房小区为居民开展社区融合小组工作，促进邻里互动，助推社会融入。下列活动中，最有可能出现在小组成熟阶段的是（　　）。

    A. 千里一线牵：寻找好朋友   B. 未来也精彩：构想新生活
    C. 别样茶话会：齐心解困境   D. 成长纪念册：回顾小组情

36. 社会工作者为了在某社区开展服务，他们采用绘制社区资源地图的方法，将社区内外可利用的商超、公共设施等都绘制在地图上。社会工作者这样做的目的是（　　）。

    A. 分析社区的人口结构   B. 分析社区的人力资源
    C. 分析社区的地理环境   D. 分析社区的权力结构

37. 社会策划模式是一种自上而下的社区工作模式。社会工作者以专家的身份开展工作。在开展工作之前，社会工作者必须分析环境和形势。下列社会工作者的做法中，属于"分析环境和形势"的是（　　）。

    A. 开展问卷调查、观察和访谈，把握社区问题的严重性，分析造成问题的原因

    B. 拜访住在社区的人大代表和政协委员，听取其对社会治理政策的解读和分析

    C. 重温机构使命宗旨，分析界定社区治理方案的方向、范围、意义和工作目标

D. 召开团队工作会议，分析自身的长处和不足以及开展社会治理的优势和劣势

38. 地区发展模式是社区工作中最常用的模式，它不同于社会策划模式和社区照顾模式。下列做法中，符合该模式实施特点的是（　　）。

A. 基于社会工作者专业判断来决定行动方案

B. 请相关领域专家对问题成因进行科学分析

C. 依据上级部门的要求来评估问题的紧迫性

D. 引导居民对问题进行讨论并逐渐达成共识

39. 某老旧小区基础设施陈旧，居民矛盾频发，停车问题、养犬问题以及物业不作为问题一直困扰着居民。专业社会工作者进入该小区探索改变社区面貌的方法和途径。下列做法中，最能体现"地区发展模式"特征的是（　　）。

A. 访问社区老党员，关注个别需求　　　B. 分析社区居民需求，排列优先次序

C. 拜访街道负责人，协商责任分工　　　D. 开展社区教育活动，识别居民骨干

40. 某社区独居老人张奶奶没有退休金，依靠低保生活。她由于年纪大了，腿脚不便，很少出门，心情低落。某一天张奶奶在家中不慎摔倒，造成软组织挫伤。社会工作者在入户探访时发现了张奶奶的情况。社会工作者针对张奶奶的情况，决定采用个案管理方法为其提供服务。服务内容包括：联系医生为张奶奶检查伤势，联络心理咨询师为张奶奶做心理疏导，向民政部门申请困难补助，联系物业对张奶奶的家进行适老环境改造。社会工作者的上述做法体现了个案管理实施的（　　）。

A. 服务监督原则　　　　　　　　　　　B. 包裹式服务原则

C. 服务倡导原则　　　　　　　　　　　D. 服务对象参与原则

41. 某回迁社区，楼道里堆物堆料现象严重，加之被贴了很多小广告，卫生状况堪忧。社会工作者计划组织居民代表开会讨论解决方案。居民王先生和蒋女士都表示自己什么都不懂，又都不认识，犹豫是否参加会议。此时，社会工作者适宜的做法是（　　）。

A. 说明会议时间大约一个小时，不会占用他们太多时间

B. 告诉两位居民他们都熟悉的张大爷会来参加会议

C. 承诺开会讨论一定会有效解决问题

D. 解释部分居民无法参加会议的原因

42. 某社会工作服务机构受政府委托，在当地开展农村社会工作服务，助力乡村振兴。该地属于山区，交通条件很差，很多村民都外出打工了。社会工作者小崔对村庄现状进行了调研，计划以村庄环境整治和困难人群服务为重点开展工作。下列做法中，能够体现小崔进行社区资源动员的是（　　）。

A. 根据村民特长安排岗位，做到人尽其才

B. 发放宣传单，张贴海报公开招募志愿者

C. 召集村民开会，就环境整治目标达成共识

D. 加强经费支出控制，避免造成资源的浪费

43. 某社会工作服务机构承接政府购买项目，落地在某社区。为了推进项目实施，项目社会工作者拜访了街道社区办负责人和居委会主任，向其介绍机构和项目概况，也希望得到街道社区办和居委会的支持。对项目的实施，双方在许多方面达成了共识。从建立和发展社区关系的角度看，社会工作者开展工作的重点是（　　）。

A. 了解对方组织运作情况　　　　　　　B. 分析两个组织之间的关系

C. 寻找各自可获得的利益　　　　　　D. 强化规范双方合作关系

44. 社会工作者范女士负责服务社区精神障碍康复者。她除了有计划开展个案辅导，面向家庭照顾者开展小组服务，还组建社区志愿者队伍定期探访服务对象。她所在的社会工作服务机构负责人认为老范是位具有高度自主性且能力强的员工，应对其进行激励，负责人最适宜的做法是（　　　）。

A. 转换工作岗位　　　　　　　　　　B. 增加工作量

C. 激发工作动机　　　　　　　　　　D. 工作再设计

45. 为了展现公信力，某社会工作服务机构在 2022 年的年度报告中，除了说明机构履行社会责任和义务的情况、机构内部组织结构建设、社会工作者的持证状况和工作表现以及年度财务报告等内容，还应包括（　　　）。

A. 政治交代　　　B. 服务交代　　　C. 行政交代　　　D. 专业交代

46. 某社会工作服务机构培育了一支志愿服务队为社区残障人士提供服务。为提升服务成效，社会工作者进行了志愿者人力资源管理。下列做法中，属于"控制"职能的是（　　　）。

A. 加强对志愿者投身服务和奉献社会事迹的宣传

B. 召开座谈会，商讨志愿者团队的年度培训方案

C. 建立志愿服务的多项评估指标，定期开展成效评估

D. 梳理机构对志愿服务的需求，了解志愿者参与动机

47. 某社会工作机构派出 5 名资深社会工作者分别进驻 5 个社区开展社区服务。根据机构要求，他们每月定期聚会，总结交流工作经验，研讨解决问题的办法。会议由 5 个人轮流主持。该督导方式是（　　　）。

A. 集体督导　　　B. 团体督导　　　C. 个别督导　　　D. 同辈督导

48. 某市社会工作行业协会对 36 家社会工作服务机构进行评估，评估组通过实地走访机构业务主管部门代表、项目资助方代表、机构理事与监事、机构员工和服务对象，询问了他们对机构的评价意见，最终有 15 家机构获得优秀等级。下列评估指标中，属于评价社会工作服务机构"公信力"的是（　　　）。

A. 机构规范的治理结构　　　　　　　B. 机构人才队伍的建设

C. 机构使命宗旨的建立　　　　　　　D. 机构发展的愿景规划

49. 行政性督导是社会工作专业机构中常见的督导方式，也是社会工作督导的基本功能。以下选项中体现行政性督导功能的是（　　　）。

A. 向志愿者讲解特殊或紧急情况的处理流程

B. 向志愿者交代岗位职责、服务时间和频次

C. 向志愿者示范如何准确回答居民关心的问题

D. 向志愿者解读相关政策的工作要点

50. 民政部门是负责有关民生事务的政府行政部门。以下选项中属于民政部门职责的是（　　　）。

A. 组织推进老龄事业发展　　　　　　B. 拟订养老服务体系建设规划

C. 拟订医养结合政策措施　　　　　　D. 拟订养老保险全国统筹办法

51. 社会工作者小蒋是社区老年志愿服务队的督导，他经常组织志愿服务队的志愿者开会总结经验、交流体会，提升志愿者的积极性。从志愿者督导的功能看，上述工作发挥

的是（   ）。

    A. 支持功能   B. 教育功能   C. 行政功能   D. 管理功能

52. 同事督导是社会工作专业机构中经常采用的一种督导形式，但是，同事督导的人员构成是有一定要求的。下列关于同事督导团体组成的说法，正确的是（   ）。

    A. 团体成员技术层次相同   B. 团体成员不少于10人

    C. 团体成员来自本机构   D. 由一个专业权威主持

53. 社会工作者王芳在为一位社区居民开展个案服务时，该居民指责王芳没有带礼品给她。她说："以前每次居委会搞活动都有礼品，为啥你来看我没有礼品，是不是被你自己留下了？"王芳很委屈，向督导者老张抱怨。老张帮助王芳分析了该居民有这样说法的原因，讲解了如何与服务对象建立专业关系的方法和技巧。从教育性督导的内容看，老张教导的是（   ）。

    A. 工作过程知识   B. 社会问题知识

    C. 情绪管理方法   D. 时间管理方法

54. 高级社会工作师老陈在对某社区社会工作者进行督导时发现社区社会工作者日常工作繁杂，包楼社会工作者需要爬楼入户，还要随时准备回复接诉即办电话派件，加上居委会其他日常工作，每天都感到很疲惫。通过与社会工作者们的交流，老陈找到了督导工作入手点，下一步老陈适宜开展的工作是（   ）。

    A. 增进彼此之间熟悉感   B. 清晰双方角色和期待

    C. 分享经验和答疑解惑   D. 回顾学习和成长过程

55. 建构主义是一个重要的社会工作研究方法论。它不同于实证主义方法论。下列关于建构主义方法论的说法，正确的是（   ）。

    A. 该方法论注重通过研究对现实社会生活进行干预和改造

    B. 该方法论强调对研究对象进行详细而深入的观察与分析

    C. 该方法论强调对人的行为应从其主观的因素方面去理解

    D. 该方法论强调研究结果是主体互动而达到的生成性理解

56. 定性研究是社会工作研究的一个重要的研究范式。其具有与定量研究完全不同的特点。以下说法符合定性研究特点的是（   ）。

    A. 定性研究强调应事先设定明确的研究假设

    B. 定性研究强调运用标准化的工具收集资料

    C. 定性研究的研究者注重研究成果的普遍指导意义

    D. 定性研究的研究者注重将被研究对象视为自己人

57. 定量研究和定性研究是两种不同的研究范式，在社会工作研究中具有不同的意义。正确掌握两种研究范式，是开展社会工作研究的前提。关于定量研究和定性研究说法正确的是（   ）。

    A. 定量研究重在理解回答者所经历事实的含义、隐喻和象征，探索社会关系

    B. 定量研究中研究者被研究对象视为自己人，这样获得的资料比较真实

    C. 定性研究不一定事先建立研究假设，其假设可在研究过程中逐步形成和完善

    D. 定性研究由于重在领悟事实的本质，因此其所得结论具有很好的可推论性

58. 问卷调查是社会工作研究的常用方法，正确设计问卷中的每一个问题是社会工作研究成功的关键。下列问题中，旨在了解被调查者"状态"的是（   ）。

A. 性别

(1) 男　　(2) 女

B. 您有几次求职经历

(1) 0 次　　(2) 1~2 次　　(3) 3~4 次　　(4) 5 次及以上

C. 对《社会工作导论》授课教师的讲授形式，您感到：

(1) 很不满意　　(2) 不太满意　　(3) 一般　　(4) 比较满意

D. 过去一个月，您接受过社会工作服务吗？

(1) 是　　(2) 否

59. 社会工作实务过程既是一个服务的过程，也是一个实务研究的过程。作为实务研究，社会工作研究与一般学术研究有着很大差别。以下选项中，（　　）属于社会工作实务研究。

A. 项目计划书　　　　　　　　B. 工作总结报告

C. 小组工作报告　　　　　　　D. 个案管理报告

60. 行动研究是一个不同于一般社会研究的方法。在行动研究中，研究中的身份是一个最为重要的影响因素。以下选项中最能体现行动研究特点的是（　　）。

A. 与社会工作服务机构合作参与困境家庭的救助服务

B. 选择不同类型的困境家庭进行救助史的比较性研究

C. 选取一个地区进行困境家庭救助状况的结构式访谈

D. 运用民政部门已公布的社会救助年度数据进行分析

二、多项选择题（共 20 题，每题 2 分。每题的备选项中，有 2 个或 2 个以上符合题意，至少有 1 个错项。错选，本题不得分；少选，所选的每个选项得 0.5 分）

61. 社会工作者伦理守则是对社会工作者在实践中的一般规定，指导社会工作者"应该做什么和不应该做什么"，其主要作用有（　　）。

A. 维护社会正义　　　　　　　B. 帮助社会工作者规避风险

C. 保护服务对象的权益　　　　D. 推动社会工作服务机构的能力建设

E. 促进社会工作专业的健康发展

62. 下列关于社会工作基本过程的说法，正确的有（　　）。

A. 社会工作是一个以社会工作者为主的实务过程

B. 社会工作是渐进地、持续地促进服务对象改变的过程

C. 服务对象基于需求的求助行为往往是社会工作的起点

D. 社会工作实务必须按照社会工作的基本过程模式分阶段推进

E. 社会工作是社会工作者协助服务对象动态调适人与环境关系的过程

63. 下列关于社会工作伦理守则基本内涵的说法，正确的有（　　）。

A. 社会工作要满足困难群体的基本生存需要，尽最大努力促进社会正义

B. 社会工作的核心目的是服务有需要的人群，改善其困境，促进其自立

C. 社会工作坚持服务导向，以服务对象利益为重，保障他们的基本权利

D. 社会工作注重从社会整体的功能和效率出发，减少人际冲突，促进社会和谐

E. 社会工作最核心的是从人的尊严和价值出发，服务困难人群，增强个体能力

64. 社会工作是一个过程。这在个案工作中尤其重要。个案工作的每一个阶段服务对象都有不同的特点，同时对社会工作者也提出了不同的要求。在结案阶段，社会工作者一般的做法有（　　）。

　　A. 酌情延长服务的间隔时间

　　B. 与服务对象讨论服务策略

　　C. 告知学校老师有关服务对象当下状况

　　D. 与服务对象探讨结案以后的跟进服务

　　E. 协助服务对象巩固已取得的服务成效

65. 蓉蓉是一个小学生，两年前父母意外亡故，由外婆照顾，生活比较困难。由于在学校遭受同学欺负，不敢去上学，也不敢见生人，目前已辍学在家。根据社会工作实践伦理决定中的生命质量原则，社会工作者适宜的做法有（　　）。

　　A. 与玲玲讨论吸毒的危害性　　　　　　B. 为玲玲申请心理辅导服务

　　C. 劝玲玲立即回到学校复课　　　　　　D. 申请临时救助保障其生活

　　E. 为玲玲组建同伴支持小组

66. 随着数码技术走入人们的日常生活，为人们创造了很多便利。但是，技术的不断更新，却给老年人带来了很多困扰。由于不能熟练使用智能手机，在很多场景中，老年人受到不应有的排斥。为了帮助老年人消除生活困扰，提高生活质量，社会工作者注意到这一情况，决定运用增能理论为社区老年人提供服务，其可以做的有（　　）。

　　A. 由社会工作者教授老年人使用智能手机的方法

　　B. 让老年人互帮互学，掌握智能手机的相关功能

　　C. 呼吁手机厂商开发生产更适合老年人使用的智能手机

　　D. 建议相关部门提供手机以外的个人健康信息查询方式

　　E. 建议老年人尽量不出行

67. 陈先生因年事已高，妻子离世，很少出门，几乎不与邻居来往，跟以前的亲戚朋友也逐渐疏远。因脾气暴躁，子女也很少来看他。陈先生患有慢性病，由于退休金很少，经济上也很拮据，也不知道是否能够得到政府救济。陈先生家里凌乱不堪，杂物堆积，卫生状况很不好。下列社会工作者对陈先生问题的分析，符合系统理论的有（　　）。

　　A. 陈先生因年事已高减少了与亲友和邻居的交往，与非正式系统的关系疏离

　　B. 陈先生很少与政府和社会服务机构接触，未能从正式系统获得有效的支持

　　C. 陈先生妻子离世、子女很少来看他，家庭呈整体性结构失能

　　D. 陈先生的自我评价低，认知系统失调，是他不愿意与外界接触的根本原因

　　E. 陈先生对外部支持系统认识不足，导致长期的无力感，形成消极应对模式

68. 社会工作者小周在一次个案面谈中得知，服务对象小李已成功戒毒，但在吸毒期间染上了艾滋病。小李因为害怕失去妻子，要求小周一定为他保密。妻子则经常向小周抱怨小李行为怪异，对自己感情冷淡，怀疑他对婚姻不忠，并希望通过怀孕来保全自己的婚姻和家庭。根据社会工作专业伦理，小周宜采取的做法有（　　）。

　　A. 将小李的病情直接告知其妻子，请她多加关注

　　B. 为小李疏导情绪，减轻精神压力积极面对问题

　　C. 征得小李同意后，为他介绍病友自助互助小组

　　D. 将小李的全部情况在机构个案报告会议中讨论

E. 与小李的妻子探讨该如何维系他们的婚姻关系

69. 小强因为没交作业，被老师批评。他觉得自己很委屈，是老师冤枉他，向社会工作者求助。社会工作者与小强几次面谈后，发现他言谈中前后不一致，于是用"对质"技巧回应。下列回应中，符合"对质"技巧的有（　　　）。

A. "你有很多话想说，这次你最想谈的话题是什么？"

B. "你这样的行为表现和老师对你的期望差距较大。"

C. "从你的表情看得出来你非常愤怒，而你说你没有生气。"

D. "你知道交作业是学生的本分，但你没有完成作业。"

E. "从你的表述中，我的理解是你与老师的矛盾不是没交作业的问题。"

70. 某初中生小组工作临近结束阶段，社会工作者对组员已经发生的积极变化予以鼓励和肯定。同时社会工作者与组员家长沟通，要求家长关注组员的积极变化，并协助保持这种积极变化。并告知家长和组员，社会工作者会在未来一段时间内定期进行回访。上述做法中，社会工作者协助组员保持小组经验的方法有（　　　）。

A. 模拟练习　　　B. 树立信心　　　C. 寻求支持

D. 处理情绪　　　E. 跟进服务

71. 社会工作专业服务是一个团队合作的工作，是专业服务工作得以顺利进行的重要前提。某机构资深社会工作者老王带领新入职社会工作者进入社区开展服务之前，为了与他们建立良好的关系，促进团队合作，老王可以组织开展的工作有（　　　）。

A. 带领大家探讨实现社工站服务目标的途径

B. 推动大家建立并认真落实社工站工作准则

C. 调整同事之间合作不畅的社会工作者岗位

D. 劝告主管部门勿更改社工站既定工作计划

E. 协助大家理解社工站与机构、乡镇的关系

72. 社会工作者老赵面向社区志愿者开设了主题为"守护家园"的小组，通过培育和挖掘当地志愿者资源，盘点资源并绘制社区资源图，分析和讨论社区问题的解决方法，提升社区志愿者参与和改变社会环境的能力。下列老赵的做法中，体现"社会目标模式"实施原则的有（　　　）。

A. 运用跨专业知识和技巧，控制小组的发展方向

B. 帮助社区志愿者重建并适应新的社会关系网络

C. 培养小组带头人，提升其推动社区变迁的能力

D. 培养并提升小组组员的社会意识和社会责任感

E. 发展组员社会行动、社区参与和自我发展的能力

73. 受居委会邀请，某社会工作机构进入某新入住商品房小区开展社区治理工作。因为居民都是陌生人，彼此都不认识，居委会也没有掌握完整的居民信息。在这种情况下，社会工作者适宜与居民接触的方法有（　　　）。

A. 街头宣传　　　B. 邮寄信件　　　C. 逐户访问

D. 电话联系　　　E. 召开居民议事会

74. 社会工作者小赵为社区老年志愿者开设了志愿服务能力提升小组。在小组结束阶段，社会工作者需要对小组成效进行评估。评估中可选取的资料有（　　　）。

A. 对社区精神障碍人士的服务需求调查表

B. 组员参与小组活动满意程度的调查问卷

C. 最后一次小组服务中组员撰写的自我评价

D. 精神障碍人士家属对组员行为表现的记录

E. 以往开展过的同类型小组工作的服务档案

75. 由专业社会工作者在社区中开展的专业服务不同于居委会所开展的传统工作。在下列选项中，能够体现专业社区工作特点的有（　　）。

A. 运用倡导手段，呼吁政府出台相关的政策

B. 分析社区问题，发现居民能力不足是关键

C. 关心社区居民，维护困难群体的合法权益

D. 聚焦个人问题，从家庭结构角度进行干预

E. 探究问题根源，发现现有社会服务的不足

76. 职业倦怠在社会工作专业的从业者中也是普遍存在的问题。机构管理者发现有员工出现工作倦怠时，宜采取的激励措施有（　　）。

A. 提供更多的休假机会　　　　　B. 重申机构纪律

C. 帮助员工制订职业生涯规划　　D. 轮换工作岗位

E. 提供机会让员工参与机构的决策

77. 社会工作督导是社会工作专业制度的重要组成部分，是保证专业服务质量、提升社会工作者专业能力的重要保障。督导在社会工作实践中扮演着多种角色。下列选项中，体现"倡导者"角色的有（　　）。

A. 帮助机构管理者清楚地了解被督导者的利益、问题，提出改善的意见

B. 发觉缺乏的服务项目，向机构提出开展社区所需的服务的建议

C. 依据被督导者从直接服务中获取的信息，向机构提出改善程序的建议

D. 引导被督导者熟悉机构环境和服务环境，减少不确定性带来的压力感

E. 处理服务对象的申诉，避免让被督导者直接面对服务对象的不满情绪

78. 志愿者督导是社会工作督导一项重要的工作内容。由于志愿者与专业社会工作者有着不同的特点，因此，志愿者的督导工作也与对专业社会工作者开展的督导有不同之处。专业社会工作者为了改进自己的督导工作，提升工作成效，他应采用的改进措施有（　　）。

A. 根据志愿者服务的公益性特点，对志愿者放宽要求，尽量不惩处

B. 对志愿者之间发生的矛盾和冲突，要作为仲裁者去判断谁是谁非

C. 把志愿者当成是机构服务的对象，帮助其实现自我成长和能力提升

D. 依托自己与志愿者的上下从属关系，强化志愿者的服从意识和执行能力

E. 尊重志愿者个人意愿，尽力配合其兴趣、专长、时间要求安排服务任务

79. 社会工作者小王告诉督导老张，他面对老年人信心不足，时常不知如何沟通交流，感到压力很大。在认真听完小王的诉说后，老张说："其实刚开始时，可能每个人都会遇到像你一样的情况。我第一次上门探访老人时，一敲门就开始紧张，进门寒暄后就不知道说什么了，和你一样不知所措。俗话说，'熟能生巧'，一段时间后就能得心应手。我相信，你一定行的。"上述老张的做法运用的督导技巧有（　　）。

A. 由简入难　　B. 专注倾听　　C. 同感分享

D. 保持沉默　　E. 适时提问

80. 社会工作者小张作为社区工作者，在开展专业服务的过程中，他采用行动研究方法对社区老年志愿者开展工作。上述小张的研究，具有的直接功能有（　　）。

A. 协助养老院反思为老服务　　　　B. 提升养老院在本地的知名度

C. 改善失智老人的照护实践　　　　D. 帮助公众了解失智老人的特点

E. 帮助养老院其他老人预防失智

参考答案

一、单项选择题

1. A	考点：社会工作是社会建设的重要组成部分
2. D	考点：社会工作文化层面的目标
3. A	考点：社会工作者的角色
4. B	考点：社会工作的功能
5. D	考点：社会工作者的角色
6. B	考点：社会工作过程
7. D	考点：社会工作者的能力
8. A	考点：社会工作服务对象
9. A	考点：社会工作价值观
10. D	考点：社会工作价值观
11. A	考点：社会工作伦理守则之"双重关系"
12. D	考点：社会工作伦理守则之"当事人自决"
13. A	考点：社会工作伦理守则之"非评判原则"
14. B	考点：阿尔德弗尔的ERG理论之"关系需要"
15. D	考点：家庭教养方式
16. D	考点：人类行为与社会关系
17. A	考点：人生发展阶段
18. D	考点：精神分析理论之"防卫机制"
19. A	考点：精神分析理论
20. B	考点：增强权能理论
21. B	考点：认知行为理论
22. C	考点：生态系统理论
23. D	考点：生态系统理论
24. A	考点：个案工作的首要任务
25. D	考点：理性情绪治疗模式的治理技巧
26. A	考点：人本治疗模式的特点
27. D	考点：危机介入模式
28. B	考点：危机介入模式
29. B	考点：小组工作的过程

30. D　　　考点：小组工作类型

31. C　　　考点：小组工作的特点

32. B　　　考点：小组工作技巧

33. A　　　考点：个案管理的工作过程

34. B　　　考点：地区发展模式之"社会工作者的角色"

35. C　　　考点：小组工作过程

36. C　　　考点：社区工作各阶段工作重点

37. B　　　考点：社会策划模式

38. D　　　考点：地区发展模式

39. D　　　考点：地区发展模式

40. B　　　考点：个案管理实施原则

41. B　　　考点：社区工作技巧

42. B　　　考点：社区工作各阶段的重点

43. A　　　考点：建立和发展社区关系的技巧

44. D　　　考点：社会服务机构的激励措施

45. B　　　考点：社会服务机构公信力

46. C　　　考点：志愿者管理的内容

47. D　　　考点：社会工作督导方式

48. A　　　考点：社会服务机构公信力评估

49. B　　　考点：社会工作督导的功能

50. B　　　考点：我国社会福利行政体系

51. A　　　考点：社会工作督导的功能

52. A　　　考点：社会工作督导的形式

53. A　　　考点：社会工作督导的内容

54. B　　　考点：社会工作督导的一般过程

55. D　　　考点：社会工作研究方法论

56. D　　　考点：定性研究的特点

57. C　　　考点：定量研究和定性研究的特点

58. A　　　考点：问卷设计

59. A　　　考点：社会工作实务研究

60. A　　　考点：行动研究

二、多项选择题

61. ACDE　考点：社会工作伦理守则

62. BCE　　考点：社会工作的含义

63. ABCE　考点：社会工作伦理守则

64. DE　　考点：个案工作各阶段工作要求

65. BDE　　考点：社会工作实践的伦理决定

66. ABCD　考点：增强权能理论

67. ABCE　考点：系统理论

68. BC　　　考点：社会工作专业伦理
69. CD　　　考点：个案工作技巧
70. BCE　　　考点：小组工作过程
71. ABC　　　考点：社会服务机构的领导方式
72. CDE　　　考点：社会目标模式
73. ACE　　　考点：动员群众的技巧
74. BC　　　考点：小组工作过程
75. ACE　　　考点：社区工作特点
76. CDE　　　考点：社会服务机构的激励措施
77. AC　　　考点：社会工作督导
78. CE　　　考点：志愿者督导
79. BC　　　考点：社会工作督导技巧
80. CE　　　考点：社会工作研究的功能

全真模拟试题（二）

一、单项选择题（共60题，每题1分。每题的备选项中，只有1个最符合题意）

1. 下列做法中，能够体现社会工作服务对象实现自身发展的是（　　）。

A. 社会工作者在春节期间探访低收入家庭

B. 社会工作者在雨雪天为流浪乞讨人员发放食物

C. 社会工作者深夜在网吧开展青少年外展服务

D. 社会工作者为失业青年开办就业能力提升小组

2. 随着中国社会的现代化发展，社会工作服务对象群体逐渐扩大，社会工作者的服务方式和领域也不断创新。以下哪项不属于社会工作服务领域的拓展？（　　）

A. 帮助青少年适应学业和生活压力　　　　B. 提供婚姻家庭困境的干预与支持

C. 支援就业困难的社会边缘人群　　　　　D. 帮助企业优化市场营销策略

3. 某社会工作服务机构既为外来务工人员提供就业援助，也为其子女提供托管服务，还倡导建立外来务工人员社会保障制度。上述服务内容在服务对象层面上发挥的作用是（　　）。

A. 促进社会公正　　B. 解救危难　　C. 解决社会问题　　D. 缓解困难

4. 社会工作者小王在社区服务过程中，积极组织社会活动和拓展社区资源，帮助社区成员实现自我价值。下列做法中，属于社会工作者担任"资源筹措者"角色的是（　　）。

A. 为社区居民开设技能培训课程

B. 与社区企业合作，为贫困家庭提供就业机会

C. 设计社区活动，促进居民互动

D. 提供心理咨询服务，帮助社区成员解决情绪问题

5. 社会工作者小陈了解到患者王大爷生活困难、与儿子多年不来往的情况后，一方面经常与王大爷聊天，鼓励他配合治疗；另一方面与医院协调，减免了他的部分医疗费用；还与王大爷的儿子联系，帮助改善父子关系。根据上述内容，小陈的工作属于（　　）。

A. 社会康复服务　　　　　　　　B. 矫正社会工作

C. 心理健康服务　　　　　　　　D. 医务社会工作

6. 某市最近将一批打工子弟学校并入公立学校。针对这种情况，该市教育主管部门决定在相关公立学校配备专职社会工作者，并要求他们为刚入校的打工子弟提供学业辅导和心理支持。社会工作者即将开展的服务属于（　　）学校社会工作。

A. 治疗型　　　　B. 变迁型　　　　C. 倡导型　　　　D. 社区-学校型

7. 养老机构的社会工作者小王计划组织机构内的老人外出春游，在征求活动方案意

见时，高龄老人提出最好是选一个近处的公园，以免过度劳累；低龄老人提出最好到郊外春游，近的地方太没意思了。经过讨论，小王最终设计了两套不同的活动方案，分批次带老人外出春游。小王的做法突出体现了伦理难题处理的（   ）。

A. 保护生命原则 B. 坦率真诚原则

C. 最小伤害原则 D. 差别平等原则

8. 下列关于社会工作价值观的说法，正确的是（   ）。

A. 社会工作者应该利用专业知识，主动为服务对象进行选择和决策，以实现他们的最大利益

B. 社会工作者要根据专业价值观对服务对象的不正确言行和价值观进行批判

C. 接纳服务对象意味着从内心真诚地认同服务对象的价值偏好、习惯和信仰

D. 社会工作者可以与服务对象分享与服务内容有关的个人感受和经验

9. 社会工作者小张在服务过程中得知，服务对象王某遭受丈夫的虐待，身心受到严重损害。小张的正确做法是（   ）。

A. 劝导王某与丈夫离婚

B. 告知王某有关机构可以提供庇护服务

C. 找王某丈夫谈话，对其警告

D. 向王某丈夫单位反映情况，对其施压

10. 在精神健康机构工作的社会工作者小林经过长期努力，与服务对象孙某建立了信任关系。孙某在一次治疗中透露，他长期精神紧张、焦虑的原因是他曾挪用过大笔公款，但此事尚未暴露，孙某请求小林为他保密。小林正确的做法是（   ）。

A. 感谢孙某的信任，答应他的请求

B. 暂时答应孙某的请求，结案后再向有关部门报告

C. 帮助孙某分析此事的影响，劝其自首

D. 答应孙某的请求，面谈结束后向其单位检举

11. 社会工作者："学校领导不尊重学生的兴趣和选择，我没办法开展小组工作了。"

督导："他们怎么不尊重学生的兴趣和选择了？"

社会工作者："他们不允许学生开展一些激烈的对抗性比赛。"

督导："你觉得学校领导这么做的原因是什么？"

社会工作者："主要是为了学生的安全吧。"

督导："你能在小组工作目标和学校领导关注点中找到共同之处吗？"

社会工作者："嗯，那我再想想怎么做才能两全其美吧。"

上述对话主要体现了社会工作者专业伦理（   ）的作用。

A. 约束社会工作者运用专业方法开展工作

B. 维护合作机构在专业服务中的单方利益

C. 促进社会工作者提供更加适当的服务

D. 确保社会工作者在专业服务中实现个人价值

12. 下列关于人类需要的说法，正确的是（   ）。

A. 莱恩·多亚尔和伊恩·高夫认为成长和自主是人的基本需要

B. 阿尔德弗尔 ERG 理论的主要特点是强调需要层次的顺序

C. 马斯洛认为人的高级需要出现后，其低级需要就消失了

D. 需要是人的基本特性，是人类活动和行为积极性的源泉

13. 儿童在成长的每一个阶段都对世界及各种事物间的关系有新认识。根据皮亚杰的认知发展理论，当新事物和刺激出现时，儿童认识世界首先运用的是（   ）。

A. 图式原则   B. 同化原则   C. 顺应原则   D. 强化原则

14. 一个初中生在没有经过老师同意的情况下，带着电子设备进入课堂，导致课堂纪律受到影响。该行为属于（   ）。

A. 本能行为   B. 利己行为   C. 偏差行为   D. 犯罪行为

15. 目前国内有些火车站、飞机场没有母婴休息室，这给带婴儿出行的母亲造成不便，使得部分母亲不得不减少外出次数。上述现象反映了人类行为与社会环境的基本关系的是（   ）。

A. 人的行为不能适应社会环境   B. 社会环境影响人的行为

C. 人类行为能够改变社会环境   D. 社会环境决定人类行为

16. 社区服刑人员小涛的行为控制力较弱，经常为一些生活琐事和别人争吵，甚至打架。社会工作者老王依据社会学习理论为小涛提供服务，其正确的做法是（   ）。

A. 对小涛进行批评、说服和教育   B. 对小涛打架的行为进行负强化

C. 让小涛自觉改正生活中的不良行为   D. 让小涛观察别人如何和平解决冲突

17. 社会工作者小王在某个青少年抗逆力小组中发现，有的组员会因为一些小问题与其他组员发生冲突，他们在应对冲突时，有时能理性面对，有时则出现逆反情绪。这说明青少年的情绪发展呈现出（   ）的特点。

A. 两极性   B. 随意性   C. 差异性   D. 稳定性

18. 小张是一名大学生，最近因为学业压力过大，感到非常焦虑。她总是担心考试不及格，甚至对自己产生怀疑。她向社会工作者小王寻求帮助。小王认为，小张的焦虑情绪来源于她过度担心失败，并且这些情绪可能与她过去被父母过度期望有关。以下小王错误的做法是（   ）。

A. 引导小张回忆过去的成功经历，以提升自信心

B. 通过情绪释放技术，帮助小张减轻焦虑感

C. 帮助小张识别并改变她对考试的消极看法

D. 运用催眠技巧，使小张忘记过度焦虑的经历

19. 王女士是一位单亲妈妈，最近她在工作和家庭之间面临巨大的压力，经常感到疲惫和无助。社会工作者小陈在与她开展工作的过程中，根据增强权能理论，干预重点应是（   ）。

A. 帮助王女士认识到自己是问题的根源，并提出改变建议

B. 鼓励王女士依赖社会工作者的建议来作出决策

C. 提供具体的方案来解决王女士面临的所有问题

D. 促进王女士在与他人的互动中学会解决问题和获得支持

20. 中学生小华在学校结交了几位爱打游戏的同学，一放学就和他们去网吧，甚至晚上不回家并开始逃学。社会工作者小陈了解情况后，分别联系了小华的父母和班主任老师，从家庭和学校两个方面入手来帮助小华。小陈做法的理论依据是（   ）。

A. 精神分析理论   B. 认知行为理论

C. 生态系统理论   D. 存在主义理论

21. 小李克服家庭经济困难考上了大学。最近父亲突然病故，母亲又重病住院，他感到压力巨大，对生活失去了信心。学校社会工作者依据存在主义理论为小李开展服务，其恰当的做法是（　　）。

A. 向小李传授应对压力的技巧

B. 动员志愿者为小李提供感情慰藉服务

C. 启发小李察觉到当前压力来自环境而非个人

D. 引导小李认识到应对压力的经历对人生具有积极意义

22. "某些人之所以处于特殊地位，是因为社会环境出了问题。因此社会工作者应该推动服务对象与环境之间的有效互动，促使服务对象个体意识的觉醒，推动社会公平与正义的发展。"上述观点属于（　　）的基本假设。

A. 精神分析理论　　　　　　　　　B. 认知行为理论

C. 存在主义理论　　　　　　　　　D. 增强权能理论

23. 下列说法中，符合精神分析理论的是（　　）。

A. 潜意识对人的行为几乎没有影响

B. 本我随时间与经验的改变而逐渐发展成长

C. 防卫机制是超我为了清除不愉快情绪体验所采取的方法

D. 人的欲望在心理发展的不同阶段以不同的方式获得满足

24. 服务对象武女士驾车与丈夫出行时遭遇车祸，其丈夫伤势严重，在重症监护室接受治疗。武女士非常自责，感到生活无望，觉得都是自己的错。社会工作者依据认知行为治疗模式开展服务，其运用苏格拉底式提问技巧可采取的做法是（　　）。

A. 建立新的思维方式："车祸是场意外，不是你主观上造成的。"

B. 让武女士每天写日记，记录自己的负面思维，并进行自我反思。

C. 采用质疑的方式询问："你有证据说明车祸的发生都是你的错吗？"

D. 加强重构理性认知的提问："你为什么说现在生活毫无希望呢？"

25. 服务对象："大学三年级后，我的学习成绩越来越差，老师和同学都不喜欢我，我就更不爱学习了，感觉读书没有意思，想找份工作干就得了。"根据人本治疗模式，社会工作者正确的回应是（　　）。

A. "你的老师和同学不喜欢你吗？也许是你误会了吧！"

B. "你不用功读书，当然成绩不会好，老师怎么会喜欢你呢？"

C. "你想自食其力，相当不错，但读书还是很重要，你可以两者兼顾。"

D. "你读书遇到困难，想找份工作，还是有责任的，你将来有什么打算？"

26. 个案会谈是社会工作者与服务对象进行的有目的的专业谈话。下列关于会谈的说法，正确的是（　　）。

A. 会谈是无法提前预设目标的　　　　B. 会谈没有环境与空间的限制

C. 会谈是时间及主题上有结构的互动过程　D. 会谈中社会工作者可以自由地谈论问题

27. 社会工作者："你妈妈上周不幸去世。听到这个消息，我很难过。"

服务对象：（开始哭泣）。

社会工作者：（递给他纸巾）"你坚持每天上课，下课后还帮爸爸做家务，表现得很坚强。"

服务对象："爸爸也很辛苦的。"

社会工作者："是的，你们面对失去亲人的打击，表现得非常坚强！看到你面对现实，和爸爸互相扶持，多沟通，我觉得你们能很快走出阴影。"

在上述对话中，社会工作者遵循的危机介入原则是（　　）。

A. 及时处理　　　　　B. 输入希望　　　　　C. 反映感受　　　　　D. 自我表露

28.76 岁的老周丧偶后独自居住，两个子女与他住在同一城市，却很少来看他。老周感到很孤独，想找个老伴儿结婚，但遭到儿女的坚决反对，老周觉得很郁闷。为此，他向社会工作者老李求助。在个案服务中，老李运用引导性会话技巧辅导老周。下列表述中，属于该技巧的是（　　）。

A. "如果儿子、女儿不同意，您可以找儿媳、女婿再聊聊嘛。"

B. "我岳父曾遇到同样的情况，多与子女沟通几次，孩子们会理解的。"

C. "我想提醒您，您希望儿女尊重您，那您也要体谅子女的感受，好吗？"

D. "您刚才说了很多，主要是想让儿女能多陪陪您、理解您的感受，对吗？"

29. 社会工作者小王在例行社区走访中，发现有位老伯常在街心花园默默发呆。小王主动与老伯交谈，得知他老伴儿刚刚去世，儿子在国外工作，也没什么朋友，老伯觉得孤单寂寞。小王在征得老伯同意后，开始为老伯提供个案服务。该服务对象来源属于（　　）。

A. 外展工作　　　　　B. 本人求助　　　　　C. 个案访视　　　　　D. 社区转介

30. 王先生和妻子近期因孩子教育问题产生了激烈的冲突，向社会工作者老安寻求帮助。在面谈时，老安了解到，妻子和儿子的关系比较亲近，夫妻两人冷战时，儿子是他们的传话筒。于是老安让王先生一家将家里真实的冲突场景模拟出来，帮助他们厘清每个人在冲突中的表现是如何影响其他家庭成员的。根据结构式家庭治疗模式，老安运用的技巧是（　　）。

A. 重演和划清界限　　　　　　　　B. 促进互动和集中焦点

C. 重演和促进互动　　　　　　　　D. 集中焦点和划清界限

31. 在一次社区居民小组会议中，居民们对是否需要建设一座新的社区图书馆存在分歧。一部分居民认为图书馆可以提供更多学习资源，有助于提高社区文化水平；另一部分居民则认为图书馆建设需要大量资金，且社区居民的实际需求并不大。作为社会工作者，最恰当的做法是（　　）。

A. 直接支持图书馆建设，避免争论影响社区的团结

B. 组织居民共同探讨图书馆建设的利与弊，帮助大家理性看待问题

C. 重新调整小组规范，要求组员讨论时不得打断他人发言

D. 批评持反对意见的居民，指出他们没有前瞻性

32. 学校社会工作者小方发现小学五年级部分学生生活自理和人际交往能力较差。为此，小方在学校开设了一个"我是小能人"的小组，旨在提升学生的动手能力，学习与同学和睦相处的技能。从小组成员介入的层面看，小方最适宜的做法是（　　）。

A. 通过奖励，鼓励学生积极参与生活自理小故事的分享

B. 通过制定小组规范，帮助学生整合动力和增强凝聚力

C. 通过角色扮演的方法，促进学生学习新的人际交往技巧

D. 通过邀请专家，协助学生寻求与同学和睦相处的关注点

33. 某社会福利院社会工作者小万为住院老人举办"生命教育"主题小组，小组进行到第二节，社会工作者播放"生命树"成长过程，协助组员建立对死亡的正常认识。现场

部分组员由于直面"死亡"，产生恐惧、哀伤等情绪，并出现防卫和抗拒讨论的行为。针对这种情况，小万最适宜的做法是（　　　）。

A. 运用限制的技巧，通过及时打岔的方式转移"死亡"话题讨论

B. 运用沉默的技巧，鼓励组员进行情绪宣泄维持小组的自然发声

C. 运用摘述的技巧，帮助大家澄清讨论的话题并重新聚焦主题

D. 运用引导的技巧，组织组员针对死亡议题开展头脑风暴讨论

34. 在某青少年亲子关系促进小组中，组员小雨说："不知道为什么，我的妈妈总是不能理解我。"

听了小雨的话，组员小程附和道："我妈妈也差不多，她不理解我在做什么，还干扰我，全天下的妈妈都差不多。"

听到两位组员的表述，社会工作者小吴说："小程，我知道你很关心小雨，但到底发生了什么事情导致小雨会有这样的想法呢？小雨，你说妈妈不理解你，指的是哪方面呢？是学习、交朋友，还是其他呢？"

上述社会工作者的回应中，采用的小组工作技巧是（　　　）。

A. 摘要　　　　　　　B. 示范　　　　　　　C. 倾听　　　　　　　D. 澄清

35. 社会工作者阿英为重症病人照顾者开展支持小组。在第一次活动中，她先通过破冰游戏帮助组员相互认识，然后引导组员讨论参加小组的期望。最后，通过组员们的分享，小组目标逐渐清晰。上述阿英的做法，体现了本阶段小组工作的重点是（　　　）。

A. 促进组员相互信任　　　　　　　　B. 促进阿英和组员的相互信任

C. 促进组员相互支持　　　　　　　　D. 促进组员沟通能力逐步提升

36. 医务社会工作者小李为轻度认知障碍者开设教育小组，旨在帮助他们正确认识认知症，学习应对疾病的技能，减缓认知症的发展速度。下列活动中，最适合安排在小组结束阶段的是（　　　）。

A. 大家一起说故事：根据自己的画像分享生命故事

B. 我爱记歌词：根据某几句歌词，说出歌曲的名字

C. 最佳人缘奖：分享其他组员对自己的安慰和帮助

D. 蒙眼画五官：组员之间合作画出脸的轮廓和五官

37. 某社会工作服务机构参与本地的乡村振兴工作，制定了一系列工作目标。根据社区工作目标的分类，下列目标中，属于过程目标的是（　　　）。

A. 开发本地旅游资源　　　　　　　　B. 引进用工规模较大的企业

C. 改善农田水利设施　　　　　　　　D. 增强本地人对发展的信心

38. 社会工作者小郭计划在 A 街道开展亲子阅读服务并开始招募工作，但招募结果不理想。居民王女士表示对服务有兴趣，但又担心参加人数太少，活动搞不起来。从动员居民参与的角度，小郭最适宜的做法是（　　　）。

A. 向王女士说明已有很多人报名参加

B. 告诉王女士她的好友刘女士已报名

C. 表示会通过多种方式吸引居民参加

D. 向王女士说明她可以中途退出活动

39. 下列关于地区发展模式和社区照顾模式共同特点的说法，正确的是（　　　）。

A. 二者都关注多数居民的问题　　　　B. 二者都动员居民参与

C. 二者都更重视任务目标　　　　　　D. 二者都可以帮助政府节约福利开支

40. 社会工作者进入社区后要对社区的基本情况有一个初步认识。下列指标中，属于社区资源的是（　　）。

A. 居住群体的特征　　　　　　　　　B. 社区的环境设计

C. 社区的社会服务　　　　　　　　　D. 居民的生活习惯

41. 社会工作者小苏开展了一个社区青年就业援助项目，最近该项目需要进行中期自评。从过程评估的角度看，小苏应重点评估的内容是（　　）。

A. 成功就业的社区群内人数　　　　　B. 服务对象的满意度

C. 链接就业资源的方式　　　　　　　D. 项目的投入产出比

42. 某社区 60 岁以上老年人口占社区人口的 17%，其中 80 岁以上的有 200 多人。为了给高龄独居老人提供有针对性的服务，社区社会工作者动员社区内有热情、有责任心的低龄健康老人参加，并推动成立"老人互助社"。社会工作者在招募"老人互助社"成员时，下列最有效的做法是（　　）。

A. 在社区张贴布告，发布招募消息，等待老人报名

B. 向社区发放宣传单，推广居家养老的理念

C. 开办社区讲座，宣传老人服务知识

D. 主动与社区老人接触，介绍活动内容

43. 社会工作者老齐发现社区低收入家庭中存在情感疏离、家庭矛盾等问题，准备针对目标群体提供心理支持项目，并打算申请政府资助。老齐在准备该项目服务方案时，正确的步骤应该是（　　）。

A. 服务评估→问题认识与分析→目标制定→方案安排

B. 目标制定→问题认识与分析→方案安排→服务评估

C. 问题认识与分析→目标制定→方案安排→服务评估

D. 方案安排→问题认识与分析→目标制定→服务评估

44. 某青少年社会工作服务机构，根据本区青少年发展需求制订了一项五年规划，在制订规划的过程中，由该机构中高层管理者共同研究分析，拟订了基本的工作方针，并进行了相应的工作部署。该机构中高层管理者所完成的规划内容属于（　　）。

A. 使命宣言　　　　B. 策略性计划　　　C. 行动方案　　　　　D. 运作性计划

45. 下列关于社会服务项目化运作的说法，正确的是（　　）。

A. 项目化运作的社会服务没有明确期望达到的目标

B. 项目化运作的社会服务一般没有确定的时间周期

C. 社会服务项目管理能够促进服务资源更加合理地使用

D. 社会服务项目的实施组织体系需要与机构的组织结构保持一致

46. 社会工作者小王计划为社区失独老人家庭建立社会支持网络，他首先对社区现有的网络形态和网络功能进行分析。下列内容中，属于社会支持网络功能分析的是（　　）。

A. 社会工作者与社区志愿者的数量　　B. 部分楼门邻居面对面交流的频次

C. 志愿者陪伴关怀失独老人的状况　　D. 失独老人与亲属朋友的联络方式

47. 5 年前，活泼开朗的小林带着满腔热情和憧憬，来到一家老年福利机构，担任社会工作者。小林每天重复着几乎不变的工作，应对着琐碎繁杂的需求。随着时间的推移，小林日益倦怠，热情降低。机构主管为激励小林，决定对其工作予以调整。下列内容属于

"工作再设计"的是（　　）。

　　A. 拓展工作任务　　　　　　　　B. 评估工作绩效

　　C. 调整工作报酬　　　　　　　　D. 改进工作关系

48. 某社会工作服务机构为了加强志愿者队伍建设，制订了详尽的志愿者工作规范，对志愿者进行分组、分工，开展志愿者培训。上述做法所发挥的志愿者管理功能是（　　）。

　　A. 组织　　　　　B. 规划　　　　　C. 领导　　　　　D. 控制

49. 某社会工作服务机构的年度工作报告中包括以下内容：（1）机构财务收支情况；（2）机构开展社会公益活动回报社会情况；（3）机构各服务项目的服务满意度统计结果；（4）机构的内部组织结构及管理制度执行情况。从充分展现公信力的角度看，该机构仍需要在年度工作报告中补充的交代内容是（　　）。

　　A. 政治交代　　　　B. 专业交代　　　　C. 服务交代　　　　D. 行政交代

50. 随着社会保障制度的改革和重建，受市场化、"小政府，大社会"改革模式以及"以人为本"等价值观的多方面影响，政府购买社会工作服务作为一种新的机制在全国各地推广，它在很大程度上影响着我国社会福利行政体系的运作。上述变化体现出当前我国社会福利行政体系的特点是（　　）。

　　A. 社会政策目标对象被动地接受福利

　　B. 社会政策实施主体呈现多元化趋势

　　C. 社会政策执行是自上而下的政治模式

　　D. 社会政策效果评估是行政化的检查和汇报

51. 某市民政局邀请一批外省市社会工作督导与本市社会工作服务机构签订督导合作协议。协议约定，督导内容主要是针对特定服务群体开展社会工作专业服务的方法与技巧。根据这一约定，社会工作服务机构应优先向（　　）提供督导服务。

　　A. 机构的骨干志愿者　　　　　　B. 机构的主要管理人员

　　C. 经验丰富的社会工作者　　　　D. 新入职的社会工作者

52. 福利院督导大刚发现新入职的3位社会工作者在实际工作中都遇到了类似的问题：与老人沟通时感到困难，从而难以与老人建立关系。根据这一情况，大刚决定为他们定期进行团体督导。大刚制订了督导计划，确定了不同主题和内容的活动，以提升他们的实务能力，从而有效地解决问题。本案例中，大刚的督导方式是（　　）。

　　A. 咨询式督导　　　B. 管理式督导　　　C. 训练式督导　　　D. 师徒式督导

53. 某社会工作服务机构的督导老杨发现机构的社会工作者都是"单枪匹马"地负责和执行服务项目。部分社会工作者向老杨反映："工作中缺少交流，员工之间关系生疏，一旦发生人事变动，服务项目就要被迫暂停甚至终止，影响服务对象的利益。"为此，老杨向机构领导反映情况并建议成立项目小组，每个项目至少有两名员工参与。这种方式运行一段时间后，员工彼此沟通协调改善，团队合作意识提升，机构稳定性和凝聚力也日渐增强。其中，老杨扮演的是（　　）。

　　A. 使能者角色　　　B. 教育者角色　　　C. 决策者角色　　　D. 倡导者角色

54. 刘老师担任某社会工作服务机构督导3年。开始半年的督导工作采用"专题讲座"方式，重点提升社会工作者的理论知识和专业技能。之后，刘老师让社会工作者提前一周将工作中的问题告诉她，她会针对问题在每个月的督导会上给予反馈和建议。关于刘老师督导方式转变的说法，正确的是（　　）。

A. 这种转变让督导关系从"教"与"学"关系转向咨询关系

B. 这种转变让督导关系从"上司与下属"关系转向师徒关系

C. 这种转变让督导关系从咨询关系转向"上司与下属"关系

D. 这种转变让督导关系从"上司与下属"关系转向咨询关系

55. 社会工作专业硕士生小芳计划采用行动研究方法，进行失独老人专业社会工作服务介入研究，并以此作为毕业论文的选题。下列小芳的做法中，属于行动研究的是（　　）。

A. 独立设计、实施、评估与完善失独老人专业社会工作服务方案

B. 在为失独老人服务过程中与他们一起不断讨论和改进服务

C. 通过已有的失独老人项目的分析讨论专业社会工作介入服务

D. 跟踪不同机构失独老人专业社会工作服务并总结其服务经验

56. 在社会工作研究中，众数和中位数是反映统计结果集中趋势的指标。调查发现 5 位社区居民的月收入分别为 5000 元、5000 元、6500 元、5500 元和 3000 元。他们月收入的众数和中位数分别是（　　）。

A. 6500 元和 6500 元　　　　　　　　　B. 6500 元和 5500 元

C. 5000 元和 6500 元　　　　　　　　　D. 5000 元和 5000 元

57. 焦点小组是社会工作定性研究方法中一种收集资料的方法，它将多名研究对象聚焦在一起同时进行访问。一般来说，焦点小组的规模适宜在（　　）。

A. 30 人左右　　　　　B. 20 人左右　　　　　C. 10 人左右　　　　　D. 3 人左右

58. 某社会工作者通过问卷来了解社会工作者的职业流动情况。其中设计了一道封闭式问题："您在本机构工作的时间：（1）1 年以下；（2）2～4 年；（3）5 年以上。"下列关于这道问题答案设计的说法，正确的是（　　）。

A. 满足穷尽性，满足互斥性　　　　　B. 不满足穷尽性，满足互斥性

C. 满足穷尽性，不满足互斥性　　　　　D. 不满足穷尽性，不满足互斥性

59. 社会工作者小康正在对无业青年进行研究。小康经常到网吧、游戏厅、台球室等场所与这些青年聊天，逐渐被他们接纳为自己人。小康也在这个过程中了解到几个无业青年的个人生活史，切身感受到他们的困惑和迷茫。小康采用的方法是（　　）。

A. 参与式观察　　　B. 结构式访问　　　C. 实地实验　　　D. 行动研究

60. 社会工作者小张参加"地震孤儿社会工作干预服务"的课题研究，并负责撰写研究报告。根据研究报告的一般结构要求，这份报告的核心内容应当是（　　）。

A. 地震孤儿社会工作干预服务对社会的重大意义

B. 国内外关于地震孤儿社会工作干预服务的主要模式

C. 地震孤儿社会工作干预服务的状况和效果

D. 介绍地震孤儿社会工作干预服务的主要办法

二、多项选择题（共 20 题，每题 2 分。每题的备选项中，有 2 个或 2 个以上符合题意，至少有 1 个错项。错选，本题不得分；少选，所选的每个选项得 0.5 分）

61. 与一般行政管理不同，社会工作可以从深层次上发挥维持社会秩序的功能，这主要是因为社会工作具有（　　）的特点。

A. 自上而下解决问题　　　　　　　　B. 通过服务化解矛盾

C. 强调要改变引起问题的、不尽合理的社会结构和制度环境

D. 重视权力运用　　E. 人性化服务

62. 学校社会工作者小李为增进学生家长与学校间的相互了解，采用"社区-学校型"社会工作方式来设计自己的方案。小李的下列服务内容中，属于此类型的工作方式有（　　）。

A. 开展厌学学生的情绪疏导小组　　B. 协助家长成立家长委员会

C. 开展临近毕业学生的就业辅导　　D. 推动设立学校开放日

E. 开展住宿学生心理健康服务

63. 社会工作者小赵负责对申请入住养老院的老人进行评估，以确定老人能否入住。一天，小赵的父亲打电话让他特别关照一下自己的战友老李，希望能够早日安排入住。针对这种情况，小赵正确的做法有（　　）。

A. 通过评估同等条件下优先安排父亲的老战友

B. 向养老院申请回避参与对老李的评估

C. 如实告知父亲自己的工作职责

D. 当作没这回事不作任何反应

E. 劝老李入住其他养老院

64. 小红是某小学六年级学生。上课一向专注的她最近常常走神，成绩明显下滑，手腕上还新添了刀划伤痕。社会工作者小王经调查得知：小红一出生即遭父母遗弃，在儿童村"妈妈"的精心照料下健康成长。但最近从未谋面的亲生父母突然找到儿童村，要求带走小红。小红害怕离开儿童村的"妈妈"，对亲生父母的出现非常抗拒，甚至出现了自残的过激行为。针对这种情况，小王应当（　　）。

A. 将小红被遗弃一事告知相关部门，促使小红父母承担罪责

B. 将小红的生活背景告知同学，希望同学们给予更多关心

C. 将小红自残一事告知学校，希望引起学校老师的重视

D. 将小红目前状况告知儿童村，希望儿童村给予关注

E. 将小红的情况作出全面预估，为她提供个案辅导

65. 某小学的学生多是留守儿童，学校社会工作者根据这一状况，开展了"逆风同行"儿童抗逆力小组服务。一方面帮助儿童建立自信，正视逆境，挖掘潜能；另一方面引导儿童主动与小伙伴沟通，建立信任，争取同伴支持。上述服务，满足了留守儿童的（　　）。

A. 生理需要　　B. 归属的需要　　C. 安全需要

D. 尊重的需要　　E. 自我实现的需要

66. 任务中心模式认为，社会工作者与服务对象之间通过具体的沟通，把自己的想法传递给服务对象，推动服务对象发生改变。该模式中的有效沟通必须具备的要素有（　　）。

A. 沟通需要聚焦于问题

B. 沟通与服务介入过程紧密联系

C. 沟通需要社会工作者的及时回应

D. 沟通中鼓励服务对象放弃自我评价

E. 沟通需要社会工作者分享经验和感受

67. 程奶奶70多岁，6年前老伴儿去世后，一直独自居住。程奶奶患有白内障，视力很差，平时都是儿子、儿媳来给她做饭。最近儿子搬进新房子，把程奶奶也接了过去。看

着刚装修好的新房，程奶奶哪里都不敢动，经常让儿媳送她回老房子洗澡。最终程奶奶还是搬回了老房子。从人类行为与社会环境的角度分析，下列说法中，正确的有（　　）。

  A. 程奶奶的日常生活需要别人照顾　　B. 程奶奶的思维呈衰退趋势

  C. 程奶奶习惯了自己的居住环境　　D. 程奶奶对陌生环境产生了恐惧

  E. 程奶奶面临亲密与孤独的冲突

68. 服务对象说："我丈夫在家经常对我指手画脚，好像只有他在外面赚钱养家，看不到我的价值，经常指责我。其实我在家带孩子做家务，也是非常辛苦的，他一点不知道体贴！"下列社会工作者对服务对象的回应中，符合"同理心"技巧的有（　　）。

  A. "您先生是不是脾气不好，容易发怒？"

  B. "您做的有些事情可能没有符合您先生的要求。"

  C. "您觉得很委屈，因为您先生不了解您的劳累。"

  D. "您先生在外面工作辛苦，所以回来发牢骚。"

  E. "您先生不体贴和不尊重您，这让您又气又伤心。"

69. 刚升入高一的小华对学校社会工作者说，由于不适应寄宿生活，最近晚上在宿舍内不能入睡，时常浮现出童年时自己被父母遗弃后，与奶奶相依为命、生活艰难的片段，导致自己情绪低落，但又没有熟悉的同学和父母可以倾诉。根据心理社会治疗模式，小华面临的压力来自（　　）。

  A. 童年的艰苦经历　　B. 寄宿生活的环境

  C. 缺乏交流的对象　　D. 失眠引发的情绪

  E. 其非理性的行为

70. 小郭大学毕业后，一直未找到工作，整日在家打游戏，其母亲寻求社会工作者大林的帮助。经过3个月的服务，小郭的行为有所改善，服务目标基本达到，进入结案阶段。此时，大林适当的做法有（　　）。

  A. 征询小郭母亲意见，决定是否结案

  B. 提前告知小郭结束个案服务的时间

  C. 与小郭一起寻找打游戏之外的生活安排

  D. 与小郭电话商讨结案后跟进服务的计划

  E. 告诉小郭因时间问题而不得不终止个案服务

71. 医务社会工作者小韩为先天性心脏病手术后的儿童家长开办了一个支持小组。在小组开始阶段，为帮助组员建立信任关系，小韩协助组员彼此认识，消除陌生感，强化组员对小组的期望，促使形成相对稳定的小组关系结构。在此阶段，小韩主要扮演的工作角色有（　　）。

  A. 领导者　　B. 鼓励者　　C. 旁观者

  D. 组织者　　E. 调解员

72. 社会工作者小刘为家暴受害妇女开设支持性小组，旨在提升她们的自尊心及面对家庭暴力的勇气和能力。在小组开始时有些组员因相互不熟悉，怕说错话，表现出小心谨慎与相互试探。为营造信任的小组气氛，下列小刘的做法中，正确的是（　　）。

  A. 强调组员的相似性，以增强小组的凝聚力

  B. 适当控制小组进程，倾听组员诉说受暴经历

  C. 运用角色扮演的方法，重现组员当时受暴的情景

D. 创造机会让组员表达想法，促进相互回馈和关怀

E. 主动与组员沟通，运用同理心，倾听并真诚回应

73. 在一次为焦虑障碍患者开展的减压小组中，组员老李和老王在如何减压更有效的问题上发生了争论。老李认为，焦虑时应去人多的地方，或通过运动等方式来缓解。老王则认为，焦虑时需要安静地待着，通过冥想的方式来缓解。组员们也因为支持老李或老王的观点而产生分歧，发生争执。面对这样的情形，社会工作者适宜的做法有（　　）。

A. 劝阻争执，开展"停下来，谈感受"的交流分享

B. 借助冲突话题，开展预先准备好的减压训练活动

C. 指出老李和老王因为坚持个人观点，引发小组混乱

D. 为了终止争执，对老李和老王的观点逐一进行点评

E. 带领组员回顾小组契约，再次明确本次小组的目标

74. "联结"是发展自助组织的重要技巧。下列做法中，体现社会工作者运用"联结"技巧的有（　　）。

A. 家庭照顾者自助小组中，给组员们示范与老人沟通的技巧

B. 残障儿童家长自助小组中，用角色扮演再现亲子互动过程

C. 癌症病人自助小组中，请大家介绍康复阶段存在的共同点

D. 糖尿病人自助小组中，鼓励大家交流日常饮食的注意事项

E. 慢病管理自助小组中，邀请医生鼓励大家多尝试保健方法

75. 某社会工作服务机构在社区居委会的支持下，着手组建一支青年志愿者团队，为不便出门的居民代购常用药品，并送药上门。在团队组建之初，社会工作者的主要任务有（　　）。

A. 订立团队的服务规则　　　　　　B. 分析服务对象的特点

C. 推选团队工作带头人　　　　　　D. 明确团队的分组分工

E. 讨论团队的持续发展

76. 社会工作服务机构财务预算的方法主要包括（　　）。

A. 特别预算法　　B. 单项预算法　　C. 方案预算法

D. 功能预算法　　E. 零基预算法

77. 社会工作者小王针对部分社区居民乱丢垃圾、乱堆杂物等不文明行为，拟推动成立"社区文明行为劝导队"。小王和劝导队核心成员一起策划工作方案，可以采取的策略规划方法有（　　）。

A. 德尔菲法　　　　　　　　　　　B. 头脑风暴法

C. 关键人物访问法　　　　　　　　D. SWOT 分析法

E. 胜任力模型分析法

78. 在一次团体督导会议上，资深社会工作者老张向 5 位新入职的社会工作者介绍精神障碍人士的一般特征。他讲授的内容应包括精神障碍人士的（　　）。

A. 人际交往　　　　　　　　　　　B. 心理和行为表现

C. 经济收入　　　　　　　　　　　D. 分析和处理问题能力

E. 相关政策保障措施

79. 社会工作研究中常常会使用一些统计资料。为了保证研究质量，社会工作者必须对这些统计资料进行审核。下列研究工作中，属于统计资料审核的有（　　）。

A. 选择统计资料的分析方法　　　B. 探究统计资料中指标转换的可能

C. 对统计资料进行逻辑检查　　　D. 明确统计资料中各项指标的含义

E. 了解统计资料的具体来源

80. 一份问卷的封面信内容如下：

亲爱的同学：

　　您好！

　　我是××社会工作服务中心的工作人员，现在协助中心进行一项调查，其主要内容是了解打工子弟学校学生的学习和生活情况，其目的是设计一套服务方案，满足打工子弟学校学生的需求。经过随机抽样，您被选中成为我们的调查对象。本调查采用不记名方式，我们将对您的个人资料进行保密。

　　感谢您花一些时间回答下述问题。

××社会工作服务中心

××××年××月

这份封面信包含的内容有（　　　　）。

A. 调查者的身份　　　　　　　　B. 调查内容

C. 调查目的　　　　　　　　　　D. 问卷标题

E. 调查对象选择方法

参考答案

一、单项选择题

1. D　　　考点：社会工作对服务对象的功能

2. D　　　考点：社会工作领域的拓展

3. D　　　考点：社会工作的目标

4. B　　　考点：社会工作者的主要角色

5. D　　　考点：社会工作的主要服务领域

6. B　　　考点：学校社会工作的类型

7. D　　　考点：伦理难题的基本处理原则

8. D　　　考点：社会工作价值观

9. B　　　考点：社会工作的伦理

10. C　　　考点：社会工作实践中的伦理难题

11. C　　　考点：社会工作专业伦理的作用

12. D　　　考点：人类需要的层次

13. B　　　考点：皮亚杰的认知发展理论

14. C　　　考点：人类行为的类型

15. B　　　考点：人类行为与社会环境的基本关系

16. D　　　考点：班杜拉的社会学习理论

17. A　　　考点：青少年阶段心理发展的特征

18. D　　　考点：认知行为理论的主要观点

19. D　　　考点：增强权能理论中社会工作的取向

20. C　　　考点：区分不同的社会工作理论

21. D　　　考点：存在主义理论在社会工作中的应用重点

22. D　　　考点：区分不同的社会工作理论

23. D　　　考点：弗洛伊德的精神分析理论

24. C　　　考点：苏格拉底式的提问

25. D　　　考点：人本治疗模式的治疗策略

26. C　　　考点：个案工作的会谈技巧

27. B　　　考点：危机介入的原则

28. D　　　考点：个案会谈的引导性技巧

29. A　　　考点：个案管理的工作过程之"个案发掘与转介"

30. C　　　考点：结构式家庭治疗模式的技巧和应用

31. B　　　考点：协调和处理冲突

32. C　　　考点：小组介入技巧

33. D　　　考点：主持小组讨论的技巧

34. D　　　考点：主持小组讨论的技巧

35. A　　　考点：小组工作开始阶段的工作重点

36. C　　　考点：社会工作者在小组工作结束阶段的任务

37. D　　　考点：社区工作目标的分类

38. C　　　考点：说服居民参与的技巧

39. B　　　考点：地区发展模式和社区照顾模式的特点比较

40. C　　　考点：认识社区之"社区资源"

41. C　　　考点：过程评估的内容

42. D　　　考点：动员群众的技巧

43. C　　　考点：社会服务方案策划的步骤

44. B　　　考点：社会服务机构规划的内容

45. C　　　考点：社会服务项目的特征

46. C　　　考点：社会支持网络功能分析

47. A　　　考点：社会服务机构人力资源管理的主要内容

48. A　　　考点：志愿者管理功能

49. B　　　考点：社会服务机构公信力的表现

50. B　　　考点：我国社会福利行政体系的特点

51. D　　　考点：社会工作督导的主要对象

52. C　　　考点：督导的类型

53. D　　　考点：督导扮演的角色

54. A　　　考点：督导的类型

55. B　　　考点：行动研究的定义与特点

56. D　　　考点：描述单变量的集中趋势和离中趋势

57. C　　　考点：访谈法之焦点小组

58. B 考点：设计问题和答案应注意的技术
59. A 考点：社会工作研究方法的类型比较
60. C 考点：社会工作研究报告的一般结构

二、多项选择题

61. BC 考点：社会工作的特点
62. BD 考点：社区-学校型学校社会工作的主要服务内容
63. BC 考点：社会工作实践中的伦理难题
64. CDE 考点：伦理难题处理的基本原则及步骤
65. BDE 考点：人类需要的层次
66. ABCE 考点：任务中心模式有效沟通的要素
67. ACD 考点：老年阶段的主要特征和问题的综合分析
68. CE 考点：个案会谈的同理心技巧
69. ABCD 考点：心理社会治疗模式的理论假设
70. BD 考点：个案工作结案阶段的工作
71. ABD 考点：小组开始阶段社会工作者的角色
72. ADE 考点：开始阶段塑造信任的小组气氛
73. ABE 考点：小组转折阶段协调和处理冲突的任务
74. CDE 考点：发展自助组织的技巧之"联结"的技巧
75. ACD 考点：建立社区社会组织的程序
76. BCE 考点：财务预算的方法
77. BD 考点：策略规划的方法
78. ABDE 考点：教育性督导的内容
79. CDE 考点：现存统计资料分析的工作内容
80. ABCE 考点：调查问卷的内容

后 记

　　作为与我国社会工作事业同步成长的专业教师，30多年前我便开始了社会工作专业教育、研究与实务的生涯，一路走来，既有艰辛，亦有喜悦。我见证了中国社会工作事业前行的每一个足迹。其中，具有里程碑意义的全国社会工作者职业水平考试，让我看到了中国社会工作事业发展的希望。从那时起，我在教学、研究、实务之余便多了一项工作，即从事全国社会工作者职业水平考试考前辅导。在多年的辅导历程中，我看到了一线社工同人的努力和辛苦，他们的支持坚定了我为此而付出的信心。感谢中国社会出版社的信任，使我有机会把自己多年的经验和心得贡献出来。

　　本套丛书在2024年的基础上作了如下修改：一是每章按照试题难易程度进行分层分类，使考生可以循序渐进地进行演练；二是根据大纲增补内容及2024年真题新增较多试题。

　　我要感谢参与本套丛书编写的周军、孙立亚、苗艳梅、王冬梅老师，特别要感谢周军老师做了大量的校对、协调工作。还要感谢我带的研究生们，他们为本套丛书做了大量的资料收集工作。特别感谢中国社会出版社社会工作图书编辑部全体人员及其他朋友在本套丛书的编辑出版过程中付出的辛劳。

　　本套丛书各章编写工作的分工如下。

　　许莉娅：《社会工作实务（初级）考试过关分层练》第一、二、三、四、五、六、七章
　　　　　　《社会工作实务（中级）考试过关分层练》第一、二、三、四、五、六、七章
　　周　军：《社会工作综合能力（初级）考试过关分层练》第三、四、五、六、八章
　　　　　　《社会工作综合能力（中级）考试过关分层练》第三、五、六、七、十章
　　孙立亚：《社会工作综合能力（初级）考试过关分层练》第一、二、七、九章
　　　　　　《社会工作综合能力（中级）考试过关分层练》第一、二、四、八、九章
　　苗艳梅：《社会工作实务（中级）考试过关分层练》第八、九、十、十一、十二、十三、十四、十五章
　　　　　　《社会工作法规与政策考试过关分层练》第八、九、十、十一、十二、十三、十四章
　　王冬梅：《社会工作实务（初级）考试过关分层练》第八、九、十、十一、十二、十三、十四章
　　　　　　《社会工作法规与政策考试过关分层练》第一、二、三、四、五、六、七章

　　由于水平所限，本套丛书定会有不足和遗憾之处，真诚地希望读者朋友在使用过程中，通过关注微信公众号"社工图书专营店"，提出宝贵意见。

主编　许莉娅

2025年全国社会工作者职业水平考试用书

指导教材

社会工作综合能力（初级）————————● 定价：65.00元
社会工作实务（初级）——————————● 定价：85.00元
社会工作综合能力（中级）————————● 定价：80.00元
社会工作实务（中级）——————————● 定价：90.00元
社会工作法规与政策——————————● 定价：90.00元

辅导用书·考试过关分层练系列

社会工作综合能力（初级）考试过关分层练————● 定价：50.00元
社会工作实务（初级）考试过关分层练——————● 定价：60.00元
社会工作综合能力（中级）考试过关分层练————● 定价：50.00元
社会工作实务（中级）考试过关分层练——————● 定价：50.00元
社会工作法规与政策考试过关分层练——————● 定价：60.00元

辅导用书·星级考点一本通系列

社会工作综合能力（初级）星级考点一本通————● 定价：40.00元
社会工作实务（初级）星级考点一本通—————● 定价：50.00元
社会工作综合能力（中级）星级考点一本通————● 定价：50.00元
社会工作实务（中级）星级考点一本通—————● 定价：50.00元
社会工作法规与政策星级考点一本通——————● 定价：60.00元

辅导用书·真题详解系列

社会工作综合能力（初级）真题详解——————● 定价：50.00元
社会工作实务（初级）真题详解————————● 定价：50.00元
社会工作综合能力（中级）真题详解——————● 定价：50.00元
社会工作实务（中级）真题详解————————● 定价：50.00元
社会工作法规与政策真题详解—————————● 定价：50.00元
高级社会工作师考试真题详解—————————● 定价：50.00元